农产品物流智慧化生态迭代研究：

基于价值链数字化转型视角

陈 婧 著

哈尔滨出版社
HARBIN PUBLISHING HOUSE

图书在版编目（CIP）数据

农产品物流智慧化生态迭代研究：基于价值链数字化转型视角／陈婧著. -- 哈尔滨：哈尔滨出版社，2025．3．-- ISBN 978-7-5484-8469-1

Ⅰ．F724.72-39

中国国家版本馆 CIP 数据核字第 2025WE6313 号

书　　名：**农产品物流智慧化生态迭代研究：基于价值链数字化转型视角**

NONGCHANPIN WULIU ZHIHUIHUA SHENGTAI DIEDAI YANJIU：JIYU JIAZHILIAN SHUZIHUA ZHUANXING SHIJIAO

作　　者：陈　婧　著

责任编辑：滕　达

出版发行：哈尔滨出版社（Harbin Publishing House）

社　　址：哈尔滨市香坊区泰山路 82-9 号　邮编：150090

经　　销：全国新华书店

印　　刷：北京鑫益晖印刷有限公司

网　　址：www.hrbcbs.com

E-mail：hrbcbs@yeah.net

编辑版权热线：（0451）87900271　87900272

销售热线：（0451）87900202　87900203

开　　本：880mm×1230mm　1/32　印张：5.5　字数：120 千字

版　　次：2025 年 3 月第 1 版

印　　次：2025 年 3 月第 1 次印刷

书　　号：ISBN 978-7-5484-8469-1

定　　价：58.00 元

凡购本社图书发现印装错误，请与本社印制部联系调换。

服务热线：（0451）87900279

前　言

随着信息技术的飞速发展和数字化浪潮的席卷,农产品物流领域正经历着前所未有的变革。智慧物流,作为这一变革的核心驱动力,正逐步渗透到农产品供应链的每一个环节,从生产、加工到仓储、运输,再到最终的配送与消费,无一不展现出其独特的价值与潜力。智慧物流不仅仅是一种技术手段的革新,更是对传统农产品物流模式的一次深刻重塑。它依托于大数据、物联网、云计算等先进技术,实现了物流过程的可视化、可控化、智能化与信息化,极大地提高了物流效率,降低了损耗率,保障了农产品的新鲜度与安全性。同时,智慧物流还促进了供应链上下游信息的无缝对接,增强了供应链的透明度和响应速度,为农产品市场的精准预测与高效管理提供了可能。因此,应加快农产品物流标准化建设,构建统一、科学、高效的标准化体系,这对于推动我国农产品物流智慧化生态的迭代升级具有深远的意义。

本书共分为七个章节,第一章主要介绍了农产品物流智慧化生态的基础理论,包括概述、运行机制及价值创造。第二章至第三章则深入研究了价值链数字化转型对农产品物流的影响,探讨了智慧化生态中的价值链重构、迭代路径与策略等。第四章聚焦于农产品物流智慧化生态的技术创新,详细分析了大数据、云计算、人工智能及区块链的应用。第五章通过浙江省的案例，提供了农产品物流智慧化生态的实践经验与启示。第六章全面评估了农产品物流智慧化生态的风险，并提出了相应的防范与应对策略。第七章则探讨了农产品物流智慧化生态的可持续发展路径与未来创新策略。本书旨在为农产品物流行业从业者、研究人员及相关领域学者提供全面而深入的参考和指导，若有不足之处，敬请各位读者批评指正。

目　　录

第一章　农产品物流智慧化生态基础理论 ············ 1

第一节　农产品物流概述 ······················· 1

第二节　农产品物流智慧化生态运行机制········· 12

第三节　农产品物流智慧化生态价值创造········· 19

第二章　价值链数字化转型与农产品物流智慧化生态

··· 29

第一节　价值链理论及其在农产品物流中的应用········ 29

第二节　数字化转型对农产品物流的影响········· 43

第三节　农产品物流智慧化生态中的价值链重构········· 50

第四节　数字化转型下的农产品物流智慧化生态优势······

··· 61

第三章　农产品物流智慧化生态迭代路径········· 72

第一节　农产品物流智慧化生态迭代动力机制········· 72

第二节　农产品物流智慧化生态迭代过程模型········· 78

第三节　农产品物流智慧化生态迭代策略········· 86

第四章　农产品物流智慧化生态技术创新 ………… 95

　第一节　大数据与云计算技术在农产品物流中的应用……
　　　　………………………………………………… 95

　第二节　人工智能与机器学习在农产品物流中的应用……
　　　　………………………………………………… 102

　第三节　区块链技术在农产品物流中的应用 ………… 109

第五章　农产品物流智慧化生态案例分析 ……… 115

　第一节　浙江省农产品物流智慧化生态案例分析 …… 115

　第二节　农产品物流智慧化生态案例启示 ………… 120

第六章　农产品物流智慧化生态风险评估与防范 …
　　　………………………………………………… 125

　第一节　农产品物流智慧化生态风险识别 ………… 125

　第二节　农产品物流智慧化生态风险防范措施 ……… 132

　第三节　农产品物流智慧化生态风险应对策略 ……… 139

第七章　农产品物流智慧化生态的可持续发展策略
　　　………………………………………………… 146

　第一节　农产品物流智慧化生态的可持续发展路径 … 146

　第二节　面向未来的农产品物流智慧化生态创新策略……
　　　………………………………………………… 157

参考文献 ……………………………………………… 165

第一章　农产品物流智慧化生态基础理论

第一节　农产品物流概述

一、农产品物流的概念

(一)农产品物流的基本概念

农产品物流,作为物流业的一个重要分支,其核心使命在于满足消费者的需求,实现农产品从生产者到消费者之间的顺畅、高效的物理性流动。这一过程并非仅仅关乎农产品本身的流动,更包括与之紧密相关的信息流动。农产品物流的对象广泛,涵盖了所有农业产出物,如谷物、果蔬、肉类、奶制品等。它通过一系列精心设计的环节,如产后收购、运输、储存、装卸、搬运、包装、配送、流通加工、分销以及信息活动等,确保农产品在流通过程中实现保值增值,并最终以最佳状态送达消费者手中。这一系列的物流活动不仅关乎农产品的物理移动,更涉及农产品价值的提升和市场风险的降低。通过优化物流流程,农产品物流旨在增加农产品的附加值,节约流通费用,提高整体流通效率,并最大限度地降低不必要的损耗。这些目标的实现,不仅有助于提升农产品的市场竞争力,还能为消费者提供更加新鲜、优质的农产品。

(二)发展农产品物流的重要性

1. 有利于农产品实现加工增值

农产品与工业品的一个显著区别在于其巨大的加工潜力。初级农产品刚刚脱离农业生产领域时,形态各异、大小不一,市场价格较低。然而,经过简单的加工如挑选、整理、清洗、分段、包装等,农产品就能以更高的价格进入超市或连锁店。若再进行深加工,改变其原有形态,如将蔬菜水果加工成蔬菜汁、水果汁,其价值将会大幅提升。农产品物流正是抓住了农产品的这一特性,紧紧围绕物流加工环节,以农产品加工企业为龙头,以满足消费者要求为目标,实现了整个农产品的增值过程。这种增值不仅体现在农产品本身的价值提升上,更体现在农产品产业链的延伸和拓展上。通过农产品物流的推动,农产品加工企业能够更好地发展,农产品市场能够更加繁荣,消费者的需求也能够得到更好满足。

2. 有利于农业实现规模经营,提高农业生产的整体效益

农产品物流的发展要求农产品种植实现专业化和区域化,这一转变促使农业实行规模经营,增加农产品供应总量。规模化生产不仅可以降低单位产品的成本,还能提高产品质量和一致性,这对于满足市场需求至关重要。通过实现专业化和区域化种植,农业生产能够更好地适应市场需求的变化,同时也便于组织货源,促进第三方物流或物流经纪人的介入和发展。随

着规模化的推进,农产品的采选、分拣、包装、加工等环节也得到了优化,提高了物流效率和产品质量。例如,采用先进的包装技术和设备可以显著延长农产品的保质期,减少损耗,增加附加值。此外,规模化经营还有助于加强与市场的对接,通过与大型零售商建立稳定的供应关系,进一步推动农产品向高端市场发展。总之,规模化生产和专业化的物流服务相辅相成,共同促进了农业生产的整体效益提升。

3. 有利于扩大劳务输出和创造新的就业机会

传统的销售方式往往需要农户亲自参与产品的销售过程,这束缚了大量的农村青壮劳动力,限制了农民的劳务输出。随着农产品物流体系的完善,越来越多的物流服务提供商参与到农产品的流通环节中,极大地提高了物流效率,同时也释放了原本从事低效销售工作的劳动力。这部分劳动力可以转向更高价值的工作,如参与城市建设和服务业等,从而促进农民收入的增长。与此同时,农产品物流的发展还催生了一系列新的就业岗位,如农产品的采选、分拣、包装、加工等环节都需要大量的人力资源。这些新增岗位不仅吸收了农村剩余劳动力,还带动了农村地区第二、第三产业的发展。例如,冷链物流中心的建设可以为当地居民提供仓储管理、运输调度等多种工作机会,而农产品加工企业的扩张也能促进食品加工业等相关产业的成长。综上所述,农产品物流不仅解决了农村劳动力的就业问题,还促进了农村经济结构的优化升级。

二、农产品物流的特点

(一)农产品与工业品的不同

农业和工业及服务业不同,它在生产和流通过程中对大自然有很强的依赖性。尤其是新鲜的农产品,其农业生产区域性、季节性和分散性非常突出。同时,农产品对人们的生活至关重要,具有消费弹性小、普遍、频繁、多样化的需求特点。农产品与工业品特点的差异性如表 1-1 所示。

表 1-1 农产品与工业品特点的差异性

特点	农产品市场	工业品市场
市场结构	地理分布分散,购买者众多,完全竞争	地理分布集中,购买者少,少数销售者垄断行为
消费者行为	家庭行为,感性消费,买卖双方忠诚度低	组织行为,理性消费,买卖双方关系稳定
产品	非标准化产品	标准化产品
渠道	长、多重关联	短、环节少

(二)农产品物流的特点分析

1. 农产品物流量大

农产品涵盖农、林、畜牧、水产等多种产业形式,这些产业形式中的产品大部分都会转化为商品进入市场。农产品的种类繁多,地理分布广泛,且很多农产品在经过简单的加工后就进入流通环节,这使得农产品物流量特别大。与其他商品相比,农产品的物流需求更为旺盛,对物流系统的要求也更高。为了满足这一庞大的物流需求,必须建立高效、稳定的农产品物流体系,确保农产品能够及时、顺畅地从生产地流向消费地。

2. 农产品物流技术要求高

农产品与工业品不同,它通常是有生命的动物性与植物性产品,因此在物流过程中需要特别关注其不污染、不变质的问题。这就要求农产品物流必须采用先进的技术和管理手段,确保农产品在流通过程中的新鲜度和安全性。同时,由于农产品价格相对较低,物流成本的控制也显得尤为重要。为了在保障农产品质量的同时降低物流成本,需要不断创新物流技术和管理模式,实现低成本、高效率的农产品物流运行。此外,农产品物流还承担着提升农产品价值的重要任务,通过服务增值,为农民创造更多的经济收益。

3. 农产品物流具有季节性和区域性的特点

农产品的生产和分配形式受其季节性和区域性的深刻影响,这使得农产品物流也表现出相同的属性。农产品的季节性成熟和供需的时间差异性决定了其物流的季节性特点。在农产品集中上市的季节,物流需求会大幅增加,要求物流系统具备强大的吞吐能力和高效的运作机制。同时,农产品对气候条件、地理条件的依赖以及供需的地理差异性也决定了其物流的区域性特点。不同地区的农产品种类和产量存在差异,使得农产品物流需要根据不同地区的实际情况进行定制化服务。

4. 农产品的流向是从农村到城市

一般情况下,转化为商品的农产品所面临的消费者主要是生活在远离农村的城市居民。因此,农产品物流的主要任务是将农村生产的农产品快速、准确地送到城市消费者手中,以完成农产品的商品价值转换过程。这一流向特点要求农产品物流系统具备强大的跨区域配送能力和精准的末端配送服务。同时,为了保障城市消费者的食品安全和品质需求,农产品物流还需要在流通过程中进行严格的品质监控和管理。通过构建高效、稳定的农产品物流体系,可以实现农产品从农村到城市的顺畅流通,满足城市消费者的需求,同时促进农业的发展和农民的增收。

三、农产品物流的构成要素

(一)农产品物流的基本要素

1. 以人为主体的农产品物流

从整个农产品物流系统来看,人的作用渗透在农产品的生产、销售,以及物流流程的设计、实施等各个环节。整个物流系统调配正常运转需要人来完成,从最终物流系统的产品来看,农产品从生产到消费者手中都是为了让消费地居民能够享受到物美价廉的时令农产品,因此在农产品物流中充分发挥人的积极性、主动性和创造性是至关重要的。例如,在物流流程的设计阶段,需要物流专家根据农产品的特性、市场需求以及物流成本等因素综合考虑,制订出既高效又经济的物流方案。在物流实施过程中,一线物流工作人员需要根据实际情况灵活应对,确保农产品能够及时、安全地到达消费者手中。此外,农产品物流还需要物流管理人员具备高度的责任心和创新能力,以适应市场变化,不断优化物流服务,提高消费者满意度。因此,在农产品物流的各个环节中,人的因素始终是决定成败的关键。

2. 农产品是农产品物流中的唯一对象

农产品物流的对象是指整个农业生产中所有粮食作物、蔬菜、瓜果、畜牧产品、水产品等原材料及其加工的半成品、成品等。这些农产品是农产品物流中的唯一对象,也是农产品物流的任务所在。农产品物流的任务就是把这些农产品从供给地转移到需求地,用以满足人们的生活需要。在这个过程中,农产品物流要注重农产品的质量和安全,确保农产品在流通过程中不受污染和损坏。同时,农产品物流还要关注农产品的市场需求和消费者偏好,提供个性化、差异化的物流服务,满足消费者的多元化需求。例如,针对不同的农产品特性,物流服务商可以采用不同的包装方式和运输工具,以最大程度地保持农产品的新鲜度和营养价值。此外,通过数据分析工具,物流服务商还可以根据消费者的购买习惯和偏好,提供定制化的配送服务,确保消费者能够获得满意的购物体验。

3. 市场是农产品物流的场所

农产品物流市场是把农产品需求和农产品供给结合在一起的有机系统。它不仅是农产品交易的场所,更是农产品物流活动的重要载体。农产品物流市场包括为达成农产品交易而存在的各种农产品经济组织、政府部门、个人等，以及各种运输载体和必要的信息等方面。在这个市场中，农产品供给方和需求方通过交易达成共识，实现了农产品的价值转换。同时，农产品物流市场也为农产品的流通提供了必要的条件和支持，如物流设施、设备、资金等。因此，农产品物流市场在农产品物流中扮演着重要的角色，是农产品物流基本要素中不可或缺的一部分。例如，在农产品物流市场中，物流服务商可以通过与农产品生产商、批发商、零售商等建立合作关系，共同构建一个高效、有序的物流网络。同时，政府部门可以通过制定相关政策和标准，为农产品物流市场的发展创造有利条件，促进市场的公平竞争和健康发展。

（二）农产品物流的支撑要素

1. 物流设施

物流设施是组成农产品物流的物质基础，它们构成了农产品从生产到消费全过程的必要支撑。这些设施主要包括运输路线、保管仓库、车站、码头、机场、加工中心、配送中心以及物流园等。运输路线是农产品流通的血脉，它们连接着生产地和消费地，确保农产品能够顺畅地到达市场。保管仓库则是农产品在流通过程中的临时栖息地，它们为农产品提供了必要的储存条件，确保农产品在储存过程中的质量和安全。车站、码头、机场等交通节点则是农产品物流的重要枢纽，它们连接着不同的运输方式，实现了农产品的多式联运。加工中心、配送中心和物流园则是农产品物流的现代化标志，它们通过先进的设备和管理,提高了农产品的加工和配送效率,为农产品的快速流通提供了有力保障。

2. 物流设备、工具

物流设备、工具是农产品物流中的载体,所有物流活动都需要通过设备和工具来具体完成。这些设备和工具包括运输设备、包装工具、装卸机械以及各种加工和保管工具等。运输设备如货车、船舶、飞机等,它们承担着农产品的长途运输任务,确保农产品能够安全、及时地到达目的地。包装工具则是对农产品进行包装和保护的重要工具,它们能够减少农产品在流通过程中的损耗和污染。装卸机械如叉车、吊车等,它们则负责农产品的装卸和搬运工作,提高了物流效率。各种加工和保管工具则是对农产品进行加工和保管的必要设备,它们能够确保农产品在流通过程中的质量和安全。

3. 资金

资金是农产品物流系统构建的重要支撑。由于农产品物流范围较大,品种繁多,而且需要一定的运输和保管条件,因此先进的设备设施需要大量的资金作为保障。资金的投入不仅用于物流设施的建设和维护,还用于物流设备的购置和更新,以及物流人员的培训和管理。同时,资金也是农产品物流市场发展的推动力,它能够促进农产品物流市场的繁荣和活跃,吸引更多的投资者和参与者进入市场。因此,资金在农产品物流中扮演着举足轻重的角色,是农产品物流不可或缺的一部分。

(三)农产品物流的附属要素

1. 组织管理体系

农产品物流是一个对组织管理要求非常高的行业。在这个行业中,供应链的各个环节之间必须密切配合,注重衔接与统筹,才能确保农产品运输、保管、加工等活动的顺畅进行。一个高效的组织管理体系,能够实现资源的优化配置,提高物流效率,降低运营成本。它要求各个环节之间建立紧密的合作关系,共同应对市场变化,确保农产品的及时供应。同时,组织管理体系还要注重人才培养和团队建设,增强员工的专业素质和服务意识,为农产品物流的持续发展提供有力保障。例如,在组织管理体系中,通过设立专门的协调机构来确保各环节间的顺畅沟通,可以有效减少物流过程中的延迟和损失。此外,通过建立绩效考核机制,激励员工积极参与到物流优化工作中来,进一步提高了物流效率。在人才培养方面,通过定期培训和职业发展规划,不断提升员工的专业技能和职业素养,为组织提供源源不断的动力和支持。

2. 物流信息体系

农产品物流的运转是否有效,与信息的导向关系密切,在强大的信息网络支持下,农产品物流能够准确找到供应点和需求点,形成有效流动。准确的信息不仅能够实现物畅其流,还能实现农产品的有效快速供应。物流信息体系的建设包括信息采集、处理、传输和应用等多个环节。通过现代信息技术手段,如物联网、大数据等,可以实现农产品物流信息的实时更新和共享,提高物流的透明度和可追溯性。同时,物流信息体系还能为农产品物流的决策提供支持,帮助物流企业制订更加科学合理的物流方案。例如,通过物联网技术,可以实时监测农产品的温度、湿度等关键指标,确保其在适宜的条件下运输和储存。此外,利用大数据分析技术,可以预测市场需求趋势,提前做好物流准备,提高农产品物流的响应速度和灵活性。

3.行业的标准化

农产品物流标准化的建立解决了各个环节接口问题,使整个物流过程流畅、顺滑,形成高效运转的整体。标准化包括物流设施、设备、信息、作业等多个方面的统一和规范。通过标准化建设,可以提高物流效率,降低物流成本,推动行业的发展。同时,农产品物流标准化还能加快与世界范围内农产品物流的接轨,提高我国农产品在国际市场上的竞争力。因此,行业的标准化是农产品物流发展的重要方向之一。例如,在物流设施方面,通过制定统一的仓库布局和货架标准,可以提高仓库的利用率和货物的存取效率。在物流设备方面,通过统一托盘和集装箱的标准尺寸,可以提高货物装载和卸载的速度。在信息标准化方面,通过制定统一的数据交换格式和编码规则,可以实现物流信息的无缝对接和高效共享。在作业标准化方面,通过制定统一的作业流程、操作规程和质量标准,可以提高作业的效率和准确性,减少人为错误,确保物流过程的顺畅运行。这些标准化措施,不仅提高了农产品物流的效率和服务质量,还为我国农产品走向世界市场奠定了坚实的基础。

第二节　农产品物流智慧化生态运行机制

一、农产品物流智慧化生态运作模式

(一)订单管理

1. 信息化订单处理流程

在智慧化平台的支撑下,农产品订单的处理流程实现了全面的信息化转型。这一转型不仅为农户和消费者带来了前所未有的便捷,更在深层次上重塑了农产品交易的生态格局。平台通过集成功能齐全、信息丰富的农产品信息、交通路况、物流成本等实时数据,为用户提供了一个全方位、一站式的服务窗口。用户只需简单注册,即可根据自身需求选择角色,轻松完成信息查询、发布等业务操作。农户能够便捷地发布产品的详细信息、价格等,而消费者则能随时随地通过网络下单,批量订购各类农产品,并签订具有法律效力的电子协议。这一信息化订单处理流程,极大地简化了传统农产品交易中的烦琐环节,如面对面洽谈、手动填写订单等,不仅提高了订单处理的效率,更保证了订单信息的准确性,为农产品交易的透明化、规范化奠定了坚实基础。

2. 便捷化的订单操作体验

智慧化平台在提供信息化订单处理流程的同时,也带来了前所未有的便捷化订单操作体验。用户不再受限于时间和地点,可以通过手机 APP、网页等多种方式随时随地下单、查询订单状态、修改订单信息等。这种灵活多样的操作方式,不仅满足了用户个性化的需求,也极大地提升了用户的体验感受。同时,平台还支持多种支付方式,如支付宝、微信支付等,用户只需简单几步即可完成支付操作,无须再为烦琐的支付流程而烦恼。这种便捷化的订单操作体验,不仅节省了用户的时间和精力,更提升了用户的满意度和忠诚度,为平台的长期发展奠定了坚实的用户基础。

3. 高效化的订单处理能力

在智慧化生态模式的推动下,订单处理能力得到了显著提升。平台借助大数据分析和智能算法,能够实时跟踪订单状态,准确预测订单需求,及时调整库存和物流计划。这种智能化的订单处理方式,不仅提高了订单处理的效率,更保证了订单处理的准确性。同时,平台还能对订单数据进行深度挖掘和分析,为农户和物流企业提供有价值的市场信息和经营建议。这种高效化的订单处理能力,不仅为农产品物流行业的快速发展提供了有力保障,更在深层次上推动了整个行业的转型升级。在智慧化平台的助力下,农产品物流行业将迎来更加广阔的发展前景。

(二)高效率分拣

1. 立体化存储

智能化仓库采用先进的立体化存储技术,充分利用仓库空间,提高存储密度。同时,仓库内还配备了智能温湿度控制系统、防火防盗系统等,确保农产品在存储过程中的品质和安全。这种立体化存储方式,不仅节省了仓库占地面积,还提高了农产品的存储效率和安全性。通过立体货架系统,可以实现垂直和水平方向上的高效存储,充分利用仓库的三维空间,大幅度增加存储容量。此外,智能温湿度控制系统能够根据农产品的特性调节环境参数,确保农产品在适宜的条件下储存,减少损耗。例如,在储存新鲜果蔬时,系统会自动调整到最佳的温度和湿度区间,以保持其新鲜度。防火防盗系统则通过安装烟雾探测器、闭路电视监控等设备,提高仓库的安全防护等级,防止意外事故的发生。

2. 全自动化分拣作业

智慧物流设备的应用实现了农产品的全自动化分拣作业。通过高速分拣机、智能识别系统等设备,可以快速准确地完成农产品的分拣、打包等工作。这种全自动化分拣作业方式,不仅提高了分拣效率,还减少了人工操作带来的误差和损耗。例如,高速分拣机能够根据农产品的大小、形状等特点,将它们快速而准确地分配到不同的分拣通道。智能识别系统则利用图像识别技术,自动区分不同种类的农产品,并将其归类整理。此外,自动化打包机可以根据订单信息自动完成包装,减少了人工操作的烦琐过程。

3. 大数据关联提高分拣效率

在智能备货过程中,大数据技术发挥了重要作用。通过大数据完成货位之间的信息关联,可以实时掌握农产品的库存情况、需求情况等信息。这种大数据关联方式,为自动化设备的分拣作业提供了准确的数据支持,进一步提高了分拣效率和准确性。例如,通过分析历史销售数据,系统可以预测未来一段时间内农产品的需求趋势,并据此调整库存水平。同时,大数据平台还能够整合来自不同渠道的信息,如订单数据、供应商信息等,为分拣作业提供全面的数据支撑。在分拣过程中,系统可以根据实时的库存状态和订单需求,智能调度分拣任务,确保每个订单都能被准确高效地处理。

(三)车货匹配

1.最优车辆批次和型号计算

当用户登录平台输入业务需求信息时,智慧化平台会通过数据分析计算出最优的车辆批次和型号。这一计算过程考虑了货物的重量、体积、运输距离等因素,确保所选车辆能够满足运输需求并降低成本。平台运用先进的算法模型,结合货物的具体属性(如重量、体积)与目的地的距离及路况信息,精准匹配最适合的车辆类型。例如,对于大宗散装货物,可能会推荐使用载重能力更强的卡车;而对于小批量高价值货物,则可能选择更灵活且安全性能更高的厢式货车。同时,考虑到货物的特殊性,如易腐食品需要冷藏运输的情况,平台也会筛选具备相应功能的车型。

2.整合运输路线电子地图

智慧化平台还整合了运输路线的电子地图信息。通过地图数据和分析算法,平台可以计算出最优的配送路径,避免拥堵路段和不必要的绕道行驶。这一整合过程提高了运输效率,减少了运输时间和成本。基于实时交通状况和历史数据分析,平台能快速识别出哪些路段在特定时段内容易发生拥堵,并自动调整路线规划以避开这些区域。此外,考虑到不同时间段内的交通流量变化,平台还会动态更新路线建议,确保运输车辆始终处于最畅通的状态下行驶。通过与卫星导航系统的紧密集成,司机可以获得清晰的行驶指示,减少因寻找正确路线而浪费的时间。

3. 实现车货高效匹配

在最优车辆批次和型号以及整合运输路线的基础上,智慧化平台实现了车货的高效匹配。平台会自动将货物分配给最合适的车辆,并生成详细的运输计划和指令。这种高效匹配方式,不仅提高了运输效率,还降低了空驶率和运输成本。通过精确计算每批货物所需的运输能力和具体需求,平台能够智能地安排车辆,确保每一辆车都得到合理利用,尽可能减少空载里程。同时,根据货物的目的地和优先级,平台还能优化装载顺序,使得货物按照既定的顺序顺利卸载,进一步加快了整个运输流程的速度。此外,平台还会向司机发送实时更新的任务清单,包括货物装载点、卸载点以及预计到达时间等关键信息,帮助司机更好地规划行程,确保货物按时交付。

(四)客户服务与交易支付

1. 收集与整理用户资料

智慧化平台注重收集与整理用户资料,包括农产品供需信息、物流信息等。这些资料为平台提供了宝贵的数据支持,有助于优化物流流程、提高服务质量。同时,平台还通过数据分析挖掘用户需求和市场趋势,为农户和物流企业提供有价值的市场信息和经营建议。例如,通过对农产品的种类、产地、价格等信息的收集和整理,平台能够为农户提供市场行情分析报告,帮助他们更好地把握市场动态,合理安排生产计划。同时,通过对物流信息的收集和分析,平台可以为物流企业提供优化路线、提高配送效率等方面的建议,从而降低物流成本,提高整体运营效率。

2. 满足各方主体之间的交易便利化需求

智慧化平台支持在线交易模式,满足了农户、物流企业和消费者之间的交易便利化需求。用户可以在平台上轻松完成下单、支付、查询等操作,无须烦琐的线下交易流程。这种在线交易模式不仅提高了交易效率,还降低了交易成本。例如,农户可以通过平台发布农产品信息,与买家直接沟通,省去了中间环节,降低了交易成本。同时,物流企业在平台上可以接收到实时的订单信息,根据订单详情合理安排运输计划,提高配送效率。消费者也可以通过平台方便快捷地选购所需农产品,并通过平台提供的物流信息跟踪服务,实时了解订单状态,提高了购物体验。

3. 实现资金的安全可靠流转和数据的标准化传输

在交易支付过程中,智慧化平台注重资金的安全可靠流转和数据的标准化传输。平台采用了先进的加密技术和安全防护措施,确保用户资金的安全性和隐私性。同时,平台还实现了数据的标准化传输和共享,为各方主体提供了便捷的数据交换和共享服务。这种资金和数据的安全保障措施，增强了用户对智慧化平台的信任和依赖。例如，在资金流转方面，平台通过使用加密协议和双因素认证等技术，确保在线支付的安全性。在数据传输方面，平台采用了统一的数据格式和标准，便于不同系统之间的数据交换和共享，提高了数据处理的效率和准确性。

二、农产品物流智慧化生态运行机制的生态化运作

（一）多主体协同合作，打造智慧物流生态共同体

农产品物流智慧化生态运行机制的核心在于多主体的协同合作。这一机制强调企业、农户等各方通过信息共享平台实现信息的互联互通，共同推动农产品物流的智能化升级。在此过程中，政府发挥着重要的引导和推动作用，通过制定相关政策和规划，为智慧物流的发展提供有力的支持。同时，企业和农户作为智慧物流的主要参与者和受益者，也需要积极参与到这一机制中来，通过共享资源、技术和信息，实现互利共赢。

（二）标准化流程构建，提升供应链运作效率

为了实现农产品物流的智慧化生态运行，必须构建标准化的生产加工、计量检验、仓储包装、运输配送流程。这些标准化流程的制定和实施，有助于实现物流信息发布标准化和数据化管理，提升整个供应链的运作效率和服务质量。具体来说，标准化生产加工流程可以确保农产品的品质和安全性；标准化计

量检验流程可以保障农产品的重量和质量的准确性;标准化仓储包装流程可以确保农产品在储存和运输过程中的新鲜度和完整性;而标准化运输配送流程则可以确保农产品能够准时、准确地送达目的地。

第三节　农产品物流智慧化生态价值创造

一、提高物流效率,降低物流成本

(一)实时监控与智能调度

1.物联网技术的全方位监控

物联网技术通过传感器、RFID 等装置,实现了对农产品物流全过程的实时、动态监控。从农产品的出库、运输到最终送达,每一个环节的状态信息都被精准捕捉,并即时上传至信息共享平台。这使得物流过程中的任何异常或延误都能被迅速发现,为及时处理问题、调整物流计划提供了宝贵的时间窗口。例如,在农产品的存储环节,温度和湿度传感器可以实时监测仓库内的环境条件,确保农产品在适宜的环境中储存,防止温度或湿度不当导致的变质。在运输过程中,GPS 定位和移动通信技术可以实时跟踪车辆的位置和行驶路线,确保运输任务按时完成。

2.GPS 技术的智能调度助力

GPS 技术则为农产品的运输车辆提供了精准的定位服

务。结合物联网技术收集到的实时路况、车辆状态等信息，智能调度系统能够迅速计算出最优的运输路线和车辆配载方案。这不仅减少了运输过程中的等待时间和中转环节，还大大提高了车辆的满载率和运输效率。例如，在农产品运输过程中，智能调度系统可以实时监测交通状况，自动避开拥堵路段，选择最佳行驶路线。此外，系统还能根据订单量和车辆装载能力，智能匹配运输任务，确保每辆运输车辆都能达到较高的装载率，从而降低物流成本。

（二）自动化作业

1. 自动化仓储的高效管理

自动化仓储系统通过立体货架、自动化堆垛机等设备，实现了农产品的快速、准确存储和取出。与传统的人工仓储相比，自动化仓储不仅大大提高了存储密度和作业效率，还显著降低了人力成本和错误率。农产品的库存状态得到实时更新和管理，为后续的物流作业提供了准确的数据支持。例如，在自动化仓储系统中，通过立体货架的设计，可以最大化利用仓库的空间资源，显著增加存储容量。自动化堆垛机能够根据指令自动将农产品放置在预定的位置，不仅提高了作业速度，还确保了存放的准确性。此外，系统还能根据农产品的特性和需求自动调整存储策略，如对易腐商品进行优先处理，确保其在最短时间内完成出入库操作。

2. 分拣与包装的自动化升级

在分拣环节，自动化分拣设备能够根据农产品的种类、大小等特征进行快速、准确的分类。这不仅提高了分拣效率,还减少了人工分拣带来的损耗和浪费。同时,自动化包装设备能够根据农产品的特性和市场需求进行定制化包装,提升了农产品的附加值和市场竞争力。例如,在分拣过程中,高速分拣机能够快速识别农产品的类型和规格,并将其精确地分配到不同的分拣通道,大幅提高了分拣速度和准确性。在包装环节,自动化包装机可以根据农产品的特点进行个性化包装,如采用不同的包装材料和形式来保护易损品,或者根据不同销售渠道的要求进行定制化包装。通过这种方式,不仅提高了农产品的外观吸引力,还确保了其在运输过程中的安全性。

(三)数据分析与优化

1.大数据技术的支撑

大数据技术的迅猛发展,为农产品物流行业带来了前所未有的变革。这一技术为农产品物流提供了海量的数据支持,使得物流全过程的数据收集、存储和分析成为可能。通过对农产品出货量、运输时间、库存状态、市场需求等关键数据的深入挖掘,大数据技术揭示了物流作业的内在规律和潜在问题,为后续的物流优化提供了坚实的数据基础。在大数据技术的支撑下,农产品物流行业得以更加精准地把握市场动态,及时调整物流策略,以适应快速变化的市场需求。同时,大数据技术还使得物流企业能够更好地了解农产品的产地、品质、运输条件等信息,为提供更加个性化的物流服务创造了条件。这种基于大数据的物流生态重塑,不仅提升了农产品物流的效率,还降低了运营成本,增强了整个行业的竞争力。

2. 运输路线与库存管理的优化实践

基于大数据技术的分析成果,农产品物流行业在运输路线和库存管理方面进行了深入的优化实践。通过运用先进的算法模型,对历史数据和实时数据进行综合分析,物流企业能够计算出最优的运输路线和库存策略。这不仅大大减少了运输距离和时间,还显著降低了库存成本和损耗风险。优化后的运输路线更加合理、高效,避免了不必要的绕路和拥堵,确保了农产品的新鲜度和品质。同时,库存管理也得到了精细化控制,通过实时监测库存状态和需求变化,物流企业能够及时调整库存策略,避免过度积压和浪费。

二、保障农产品品质与安全

(一)环境监控

1. 物联网传感器的实时监测

物联网传感器如同农产品的"贴身保镖",24 小时不间断地监测着其存储和运输环境。无论是温度、湿度还是其他关键指标,都被精准地捕捉并即时上传至信息平台。这使得物流人员能够随时掌握农产品的实时状态,一旦发现环境异常,便能迅速采取措施进行调整,确保农产品始终保持在最佳保存条件下。例如,在冷链物流中,温度传感器可以实时监测冷藏车厢内的温度变化,一旦温度偏离设定范围,系统就会自动报警,并通知相关人员进行调整。同样,湿度传感器可以监测环境湿度,确保易腐食品不会因为湿度过高或过低而受损。此外,还有压力传感器、气体传感器等多种类型的物联网设备,它们共同构成了一个全方位的监测网络,确保农产品在物流过程中的品质不受损害。

2. 最佳保存条件的实现

通过环境监控,农产品物流智慧化生态体系确保了农产品在存储和运输过程中始终处于最佳保存条件。这不仅减少了环境不适而导致的损耗和变质,还延长了农产品的保鲜期,提高了其市场价值。同时,最佳保存条件的实现也降低了对农产品的二次加工和处理需求,进一步节约了成本。例如,在运输过程中,通过实时监测温度和湿度,可以确保易腐食品在适当的温度和湿度环境下运输,减少了温度过高或过低导致的变质风险。此外,通过精确控制环境条件,还可以减少农产品在运输过程中的机械损伤,避免了不必要的二次加工,从而降低了成本。最佳保存条件的实现不仅提高了农产品的品质和安全性,还提升了物流企业的服务水平,增强了其市场竞争力。

3. 损耗与变质风险的降低

环境监控的实施,显著降低了农产品的损耗与变质风险。实时监测和及时调整确保了农产品在物流过程中的稳定性和安全性。这不仅减少了经济损失,还提高了客户满意度和忠诚度,为农产品物流企业的可持续发展奠定了坚实基础。例如,通过实时监测环境条件,可以及时发现并处理可能导致农产品变质的问题,避免了大批量产品的损失。此外,通过提高物流过程中的透明度,消费者可以更加信任购买的农产品,从而增强了品牌的信誉度。通过这种方式,不仅减少了因农产品损耗而产生的经济损失,还提升了整个供应链的效率,为农产品物流企业创造了更大的价值。

(二)全程追溯

1. RFID 技术的唯一标识

RFID 技术为农产品赋予了唯一的"身份证"。通过为每件农产品贴上 RFID 标签,物流过程中的所有信息都被与之关联。这使得农产品的来源、生产日期、运输路径等关键信息都能被准确追踪和查询。RFID 标签内置有微小的芯片,可以存储有关产品的详细信息,并通过无线射频信号与读取设备进行通信。这样一来,每当带有 RFID 标签的产品经过检查点时,系统就能自动读取标签上的信息,无须人工干预。这一特性极大地方便了供应链管理,尤其是在农产品物流领域,能够有效地监控产品从农田到餐桌的全过程。对于生产商来说,这意味着能够对产品质量进行严格控制,确保每一批次的产品都符合标准;对于零售商而言,通过 RFID 技术可以实现库存管理和补货自动化,提高工作效率;而对于消费者来说,通过简单的扫描动作即可获取商品的所有相关信息,增强了购物体验的安全感和信任度。

2. 全程追溯体系的实施

全程追溯体系不仅关注农产品的起点和终点,更注重其物流过程中的每一个环节。从农产品出库、运输到最终送达客户手中,每一个环节的状态和信息都被实时记录并上传至信息平台。这使得物流人员能够随时掌握农产品的实时位置和状态，确保其在物流过程中的安全性和稳定性。通过建立一个集成了 RFID 技术的信息平台，所有参与方都能够获得及时准确的数据，以便做出快速响应。例如，在农产品离开仓库后，系统会持续监测其位置和环境条件，如温度、湿度等，确保其在适宜的条件下运输。一旦检测到异常情况，比如温度超出设定范围，系统会立即发出警报通知相关人员进行处理。此外，全程追溯体系还能帮助企业分析物流过程中的瓶颈，优化资源配置，提高物流效率。例如，通过分析运输过程中频繁出现延误的节点，企业可以调整路线或者更换承运商，从而减少运输时间，降低损耗风险。

3. 食品安全保障水平的提升

全程追溯体系的建立，显著提升了农产品的食品安全保障水平。如果出现问题或疑虑，物流人员能够通过全程追溯体系迅速定位问题源头并采取措施进行处理。这不仅保护了消费者的权益和健康，还提高了农产品物流企业的信誉和竞争力。通过全程追溯，可以实现对农产品供应链中各个环节的严格监控，确保每个阶段的操作都符合规定的标准。例如，一旦发现某批次产品存在质量问题，就可以立即通过追溯系统找到该批次的来源，锁定受影响的范围，并采取必要的召回措施。这种方式能够有效地防止问题产品流入市场，保护消费者免受潜在危害。此外，全程追溯体系还有助于加强企业内部的质量管理体系，促进供应链各方之间的合作与信任。它通过提供客观的数据支持，帮助各方了解各自的责任所在，共同致力于提高产品的安全性与质量。在面对日益严格的食品安全法规和不断提升的消费者期望时,全程追溯体系成为一种强有力的支持工具,不仅有助于企业合规经营,还能作为品牌建设的重要组成部分,增强消费者的信心和忠诚度。

三、提升客户服务体验

(一)信息透明化

1. 物流信息的全面提供

在信息透明化的推动下,农产品物流企业致力于为客户提供更为详尽的物流信息。这不仅仅局限于农产品的实时位置和状态信息,更涵盖了预计到达时间、运输方式、责任人等全面而细致的内容。客户只需轻点手机或电脑,便能轻松掌握农产品的整个物流过程,仿佛拥有了一双透视眼,能够穿透时空的阻碍,实时跟踪农产品的每一步动向。这种全面提供的物流信息,不仅满足了客户对农产品物流过程的好奇心,更在无形中增强了客户对农产品物流企业的信任感。当客户能够清晰地了解到农产品的运输方式、预计到达时间以及责任人时,他们便能够更加放心地购买和使用农产品。这种信任感的建立,是农产品物流企业与客户之间良好关系的基石,也是企业持续发展的不竭动力。

2. 客户信任感的增强

在信息透明化的实施下,客户对农产品物流企业的信任感得到了显著的增强。这种信任感的提升,并非一蹴而就,而是源于农产品物流企业在物流信息方面的全面提供和持续优化。当客户能够实时掌握农产品的物流信息时,他们便能够更加放心地购买和使用农产品。这种放心,不仅仅是对农产品质量的信任,更是对农产品物流企业服务能力和责任心的认可。在这种信任感的驱使下,客户更加愿意选择那些能够提供全面、透明物流信息的农产品物流企业,从而形成了一种良性的市场循环。而且,客户信任感的增强,为农产品物流企业带来了诸多益处。它不仅提高了客户的满意度和忠诚度,使得客户更加愿意长期合作并推荐给他人,还为企业的市场拓展和品牌建设提供了有力支持。在激烈的市场竞争中,一个拥有高度客户信任感的农产品物流企业,无疑将更具竞争力和市场影响力。而为了进一步提升客户信任感,农产品物流企业需要不断优化物流服务,提高物流效率和服务质量。

(二)服务个性化与便捷化

1. 服务个性化定制,满足多元需求

农产品物流企业在提升客户服务体验的过程中,应高度重视客户的个性化需求。每个客户都有其独特的需求和偏好,因此,提供定制化的物流服务显得尤为重要。企业可以根据客户的特殊要求,量身定制包装方式,确保农产品在运输过程中的新鲜度和安全性。同时,针对客户对运输路线或配送时间的特定需求,企业也应灵活调整,以满足客户的期望。这种个性化的服务不仅能够增强客户的满意度,还能在激烈的市场竞争中凸显企业的差异化优势,进而提升企业的市场竞争力。

2. 服务便捷化提升，打造高效体验

在追求服务个性化的同时，农产品物流企业还应不断优化服务流程，提高服务的便捷性。为此，企业可以开发便捷的手机 APP，让客户能够随时随地查询物流信息、下单购买或预约配送。通过 APP，客户可以轻松掌握农产品的运输状态，及时了解到货时间，从而更好地安排自己的时间。此外，企业还应提供多种支付方式，如微信支付、支付宝支付等，简化支付流程，让客户在享受便捷服务的同时，也能感受到支付的便捷和安全。

第二章　价值链数字化转型
与农产品物流智慧化生态

第一节　价值链理论及其在农产品
　　　物流中的应用

一、价值链理论概述

(一)价值链理论的提出

价值链的概念是 1985 年由迈克尔·波特在其所著的《竞争优势:创造和保持卓越绩效》一书中提出的。波特在分析公司行为和竞争优势的时候,把公司的整体经营活动分解为一个个单独的、具体的活动,这些活动分处于不同的环节,具有不同的性质和作用。因为每个活动都创造价值,所以波特把这些活动称为价值创造活动。波特认为价值链是价值创造的主要活动与辅助活动的集合,企业就是一个在设计、生产、销售、发送和辅助产品生产过程中进行种种相互联系而又相互分离活动的集合体(表 2-1 所示)。企业的价值创造和增值是由一系列活动构成的,它涵盖了商品或服务在创造过程中经历的从原料到最终消费品的所有阶段,由内部后勤、生产作业、外部后勤、市场营销和销售、服务五种基本活动和企业基础设施、人力资源管理、技术开发和采购四种辅助活动组成,这些活动互不相同又相互关联,共同构成了企业价值创造的过程,即价值链。波特又将价值的创造过程分为两个方面:一是基础性活动,直接创造价值并将价值传递给客户,其中的基本活动包括企业生产、营销、储运及售后服务等;二是辅助活动,不直接创造价值,但是其为基础性活动提供条件并提高基本活动的绩效水平,主要包括企业的人力资源管理、财务、研发及组织制度等。这些活动在公司价值创造过程中相互联系,构成公司价值创造的行为链条,这一链条即公司内的价值链。在此基础上波特还提出,不仅公司内部存在价值链,一家公司价值链与其他经济单位的价值链也是相连的,任何公司的价值链都存在于一个由许多价值链组成的价值体系中,而且该体系中各价值行为之间的联系对公司竞争优势的大小有着至关重要的影响。

表2-1　迈克尔·波特价值链模型

公司行政				利润
人力资源管理				
技术开发				
采购				
进向物流	生产作业	出向物流	市场营销	顾客服务

　　不同企业参与的价值活动,并不是每个环节都创造价值,实际上只有某些特定的价值活动才真正创造价值,这些真正创

造价值的经营活动,就是价值链上的"战略环节"。企业要保持的竞争优势,实际上就是企业在价值链某些特定的战略环节上的优势。运用价值链的分析方法来确定核心竞争力,就是要求企业密切关注组织的资源状态,要求企业特别关注和培养在价值链的关键环节上获得重要的核心竞争力,以形成和巩固企业在行业内的竞争优势。企业的优势既可以来源于价值活动所涉及的市场范围的调整,也可以来源于企业间协作或共用价值链所带来的最优化效益。

(二)价值链的理论基础

1. 虚拟价值链理论

(1)虚拟价值链概述

①虚拟价值链的起源

虚拟价值链(Virtual Value Chain)这一前沿概念,其起源可追溯至 1995 年,由哈佛商学院的两位杰出学者——杰弗里·F.雷鲍特和约翰·J.斯维奥克拉在他们共同发表的《开发虚拟价值链》一文中首次提出。这一创新理论的提出,标志着对信息时代企业竞争环境的全新理解。两位学者明确指出,在信息经济时代,企业所面临的竞争环境已不再局限于传统的物质世界,即管理者可以直观感知和接触的市场场所,而是扩展到了一个全新的、由信息构成的虚拟世界——市场空间。这两个世界并行存在,共同构成了企业竞争的新舞台。然而,这两个世界中的竞争规则却大相径庭,传统市场场所的竞争逻辑并不能完全适用于市场空间。因此,企业需要适应这种变化,不仅要在传统的物质世界中保持竞争力,还要在虚拟世界中开辟新的竞争优势。

②虚拟价值链的核心价值

虚拟价值链的核心价值在于它不仅仅关注信息的价值增值活动,更强调通过信息为顾客"重新创造价值"。这一理念突破了传统价值链中对信息角色的定位,即仅仅作为价值增值过程的辅助成分。在虚拟价值链的框架下,信息被视为价值创造的源泉,它有能力改变企业的经营模式,甚至重新定义企业与顾客之间的关系。实现这一变革的关键在于超越对实体过程的简单理解,转而寻找信息如何能够取代或优化实体过程,而不仅仅是记录或反映这些过程。这种转变要求企业具备高度的信息敏感性和创新能力,能够洞察信息背后的商机,并灵活运用信息技术来重塑业务流程、提升顾客体验、创造新的价值来源。虚拟价值链的提出,不仅为企业提供了一个全新的竞争视角,也为信息时代的企业转型和发展指明了方向。

(2)虚拟价值链模型

雷鲍特和斯维奥克拉虽然首次提出了虚拟价值链的一般概念,但并没有就虚拟价值链上每一价值活动进行系统的分析,从而建立起适用的虚拟价值链模型。管理者必须关注市场空间,将未加工的数据转化成信息、知识,因为在虚拟价值链的任何一个环节,都存在对信息的收集、组织、选择、合成、分配活动。例如,在一个典型的虚拟价值链模型中,企业首先需要通过各种渠道收集市场数据,然后利用数据分析工具对其进行整理和分析,提取出有价值的信息。接下来,企业会根据这些信息制定相应的策略和计划,并通过各种渠道将其传递给目标受众。在这一过程中,企业还需要不断地收集反馈信息,以便对策略和计划进行调整和优化。通过这样的循环过程,企业能够不断提高其在市场空间中的竞争力,实现持续增长和发展。

（3）虚拟价值链与传统价值链的比较

虚拟价值链作为企业价值活动在市场空间中的扩展,首次把信息从传统的价值增值活动中独立出来,使其成为企业价值创造的一个新来源。企业通过虚拟价值链对信息进行加工,可以找到新的市场机会,为顾客创造更大价值。而且,虚拟价值链是传统价值链在市场空间中信息增值过程的反映,因此,虚拟价值链上的每个环节都可以和传统价值链对应起来。在虚拟价值链上,同样存在两种类型的活动,即基本信息增值活动和附加价值活动。并且,虚拟价值链并不仅仅指信息增值活动,更重要的是,它还是一种为顾客"重新创造价值"的活动。传统价值链在市场场所中为顾客增加了价值,但它只不过是通过竞争力度的增强来谋求竞争优势,是量的扩张;而虚拟价值链在为顾客创造价值的同时也开辟了一块全新的竞争领域——信息领域,从而超越了传统意义上的竞争,是质的提高。如表2-2所示。

表2-2　虚拟价值链与传统价值链的比较

	传统价值链	虚拟价值链
价值活动范围	实体空间中的价值增值	市场空间中的信息增值
信息角色	作为价值增值的一部分	独立为价值创造的新来源
市场机会发现	主要通过市场研究	通过信息加工找到新市场机会

续表2-2

	传统价值链	虚拟价值链
顾客价值创造	通过增强竞争力	重新创造价值,开辟信息领域
竞争领域	传统市场领域,量的扩张	信息领域,质的提高
竞争优势	谋求竞争优势	超越传统竞争,提升竞争层次

（4）虚拟价值链的战略价值

①对实物价值链各环节进行协调管理,取得协同效应

虚拟价值链是对实物价值链的信息化反映,增强了实物价值链的可视性,便于管理者对实物价值链各环节进行协调管理,从而取得协同效应。根据波特的竞争优势理论,企业各项活动的集成度是决定竞争能力的重要因素,集成度越高,协调性越强,效率就越高。价值链是由相互联系的一系列价值活动构成的,其中的联系反映了协调工作的必要性。而信息系统对于联系的作用至关重要。虚拟价值链就像一面镜子,把实物价值链上既相互分离又相互联系的环节从整体上反映出来,使得管理者能够把实物价值链看作一个整体而不是分散的体系,能够从整体上看清实物价值链各环节的联系和运动情况,并对其进行协调优化和整合,从而获得实物价值链的协同效应,降低实物价值链的运作成本,获得竞争优势。

②拓展了企业价值创造空间

虚拟价值链的建立,可以将创造价值的活动由单独在物质空间进行,转变为在物质空间和虚拟空间同时进行,为企业建立起两条平行的价值链。实物价值链的任何价值增值环节都

可以在虚拟空间实现,并具有实物价值链不可比拟的优势。比如,将实物价值链的研发设计放在虚拟价值链上进行,借助于互联网技术,在数据资料共享的条件下,可以超越时空限制,聚集世界各地优秀的设计师 24 小时不间断地工作,从而大大提高了工作效率。另外,还可以邀请供应商和买方参与到设计工作过程中。供应商参与设计,可以使供应商及时了解企业所需,并主动对提供的商品进行改进;买方参与设计,可以使企业直接设计出市场上最具有吸引力的商品,而不必经过一次次的市场试验和试销,从而降低了新产品开发成本。数据资源的非损耗性,使企业的研发成本大大降低了。

③建立新型的客户关系,扩大了经营范围

一些企业利用已经建立的虚拟价值链,在互联网上与选定的客户建立并保持联系,而虚拟价值链的每一个价值增值环节都考虑从信息流中提炼出精粹,每种精粹都可能会构成一种新的产品或服务。企业实物价值链上的货物流动,正是来源于其虚拟价值链的感知能力的指引。例如,一家在线零售商通过分析用户浏览和购买历史数据,可以了解用户的兴趣偏好,并据此向用户推荐相关产品。通过这种方式,企业不仅能够提高用户的购买意愿,还能根据用户的反馈不断改进其产品和服务。此外,企业还可以利用虚拟价值链中收集的信息来开拓新的业务领域,如提供定制化的咨询服务或创建在线社区,从而进一步扩大其经营范围。通过建立这种基于信息的新型客户关系,企业能够更好地满足客户需求,增强客户忠诚度,并在激烈的市场竞争中脱颖而出。

2. 价值网理论

（1）价值网的概念

①价值网概念的多元阐释

价值网的概念自美国学者亚德里安·斯莱沃斯基在其著作《发现利润区》中提出以来,便引起了学术界的广泛关注。尽管至今尚未形成统一的界定,但学者们从多个维度对价值网进行了深入的探讨和阐释。从供应链管理、组织结构、模块化组织、流程再造到产业融合,价值网的概念被不断丰富和发展。一些学者强调其价值创造和满足市场需求的本质,认为价值网是由相互独立的厂商、顾客甚至竞争对手通过信息技术联结而成的临时性网络组织,共享技能、分担成本,以实现共同的市场目标。另一些学者则侧重于价值网的组织形式和合作机制,将其视为一种高效的业务流程联盟,各成员企业在设计、制造、分销等领域贡献自己的核心能力,共同构建竞争优势。这些多元的解释和阐释展示了价值网概念的丰富内涵和广泛应用前景。

②价值网作为价值创造系统的构成

价值网不仅仅是一个简单的概念,它更是一个复杂的价值创造系统。这个系统由效用体系、资源选择、制度与规则、信息联系、市场格局、价值活动等基本要素构成,反映了组织间物质活动的联系以及效用联系、资源选择、市场和组织内制度与网络制度与规则、信息联系等多个方面的价值创造过程。在网络经济环境下,价值网成为企业变革与重组再造的重要依托。所有成员企业通过信息技术的手段将各价值子系统的核心能力和资源集成在一起,以取得最大价值增值和满足顾客需求为目的。在这个过程中,企业间共享资源、优势互补,共同构建一个能够取得最大竞争优势的价值创造网络体系。价值网的运作机制强调成员企业间的紧密合作与协同,通过优化资源配置、提升业务流程效率、创新产品和服务等方式,不断创造和传递价值,最终实现整个价值网系统的持续发展和共赢。

(2)价值网与价值链的联系和区别

①价值网与价值链之间的联系

价值网是在价值链基础上形成发展起来的,二者之间具有密切的联系。从理论上看,波特的价值链理论将企业价值活动看作线性链条,企业和外部的联系被看作利益相关者之间的点对点的联系。价值网理论对上述理论进行了拓展和提升,认为价值网赋予了供应商、合作伙伴、客户等利益群体对企业资源的进入权,企业价值网络是通过网络中不同层次和不同主体之间的互动关系而形成的多条价值链在多个环节上网状的联系和交换关系。而从结构上看,价值链是链状结构,价值网是网络结构;价值链上的各环节按照一定的先后顺序依次进行价值增值活动,价值网上的各节点则按照价值最大化的原则协同进行价值创造。并且,从形成机制上看,价值链模型是构建价值网的元素,即价值网组织者通过对各参与企业的价值链进行有机集成来形成价值网。价值链利用具体资产构建行业价值链,而开放网络流动的环境不太适合长链接的相对固定关系。在价值网中形成的关系必须像价值网所处的环境一样是流动的。而且,从利益诉求看,价值网是对价值链的集成,它是信息技术飞速发展、经济全球化和国际垂直专业化分工日益发展的产物。价值网的思想打破了传统价值链的线性思维和价值活动顺序分离的机械模式,它围绕顾客价值重构原有的价值链,使价值链的各个环节、不同的主体按照整个价值最优的原则相互衔接、融合、动态互动。利益主体在关注自身价值的同时,还关注价值网上各节点的联系,以冲破价值链各个环节的壁垒,提高网络在主体之间相互作用及其对价值创造的推动作用。价值网日益成为企业价值链在激烈竞争的市场环境中参与竞争的载体,而价值网中的企业成为价值网的节点。如表2-3所示。

表2-3   价值网与价值链之间的联系

维度	价值链	价值网
理论视角	线性链条,点对点联系	拓展与提升,网状联系与交换
结构特征	链状结构	网络结构
价值活动	顺序增值	协同创造
形成机制	具体资产构建	有机集成价值链
环境适应性	固定关系	流动关系
利益诉求	关注自身价值	关注整体价值,冲破壁垒
市场角色	竞争单元	竞争载体,价值网节点
关系构建	顺序分离	相互衔接、融合、动态互动

②价值链与价值网的区别

价值链主要关注的是供应和生产环节,其核心目的是通过优化这些环节来降低成本和提升效率,进而实现企业主体价值的最大化。在价值链的视角下,供应商被视为简单的供求交易关系,企业与供应商之间的关系往往是对立的,企业可能会以牺牲供应商的利益为代价来追求自身的成本降低和利润提升。同时,价值链将客户视为价值实现的最终环节,主要通过营销活动和售后服务来与客户互动。相比之下,价值网则更加注重如何为客户创造更大的价值,并致力于改善与供应商之间的合作关系。价值网关注整个网络成员共同效率的提升和整体竞争优势的增强,而不仅仅是企业自身的利益。在价值网的视角下,供应商被视为经营一体化的合作伙伴,网络中的每一位成员企业对整体的经营理念都高度认同。此外,价值网将客户视为企业价值创造的参与者,客户成为价值网的一个重要组成部分,企业通过与顾客的紧密沟通来共同创造价值。在战略选择上,价值链模式下企业主要采用的是成本领先战略或产品差异化战略,而价值网模式则体现的是目标集聚战略。价值网通过优异的业务流程设计,使每位成员都能在自己的核心能力环境中进行低成本运作,从而在实现产品差异化的同时保持成本领先。如表2-4所示。

表2-4　价值链与价值网的区别

	价值链	价值网
关注点	供应、生产环节	为客户创造更大价值, 改善与供应商关系
目标	降低成本、提升效率	提升整体效率、增强竞争优势
供应商关系	对立,以供应商利益为代价	合作,经营一体化
客户角色	价值实现的最终环节	价值创造的参与者
战略选择	成本领先或产品差异化	目标集聚,低成本与差异化并重

二、价值链理论在农产品物流中的应用

(一)价值链理论在农产品物流各环节的具体应用

1. 采购与生产环节的价值链优化

在农产品物流的采购与生产环节中,价值链理论的应用深刻影响着整个供应链的效率与效益。这一环节的核心在于对供应商的选择和管理,通过建立长期、稳定的供应商关系,企业能够确保农产品的质量和供应的稳定性,这是价值链优化的重要内容。为了实现这一目标,企业需要对供应商进行严格的筛选和评估,包括对其生产能力、质量控制体系、交货准时性等多个方面的考察。同时,在生产过程中,企业还应注重改进生产工艺和流程,通过引入先进的生产技术和设备,提高农产品的产量和质量,同时降低生产成本。这不仅能够提升企业的竞争力,还能够为消费者提供更优质、更安全的农产品。为了实现这一目标,企业需要不断地进行技术创新和流程优化,以适应市场变化和消费者需求的不断升级。

2. 加工与包装环节的价值链增值

农产品加工与包装环节是价值链增值的关键环节。在这一环节,企业需要通过引入先进的加工技术和设备,提高加工效率和产品质量,从而实现价值链的增值。这不仅能够提升农产品的附加值,还能够满足消费者对高品质农产品的需求。同时,企业还应注重品牌建设和营销策划,通过独特的包装设计

和品牌形象,提升农产品的市场认知度和美誉度。这需要企业在市场调研和消费者行为分析方面进行深入的研究,以制定出更具针对性和吸引力的营销策略。此外,企业还应加强与渠道商的合作,拓展销售渠道,提高农产品的市场覆盖率和销售效率。通过这些措施的实施,企业能够在加工与包装环节实现价值链的增值,提升整个供应链的竞争力和盈利能力。

3. 物流与分销环节的价值链协同

在农产品物流与分销环节,价值链理论的应用主要体现在对物流网络的构建和管理上。这一环节的核心在于优化运输路线和仓储布局,以降低物流成本并提高物流效率。为了实现这一目标,企业需要与物流公司建立紧密的合作关系,共同规划运输路线和仓储布局,以确保农产品的及时送达和低成本运输。同时,加强与分销商的合作关系也是这一环节价值链协同的重要内容。通过建立稳定的销售渠道和市场网络,企业能够提高农产品的市场覆盖率和销售效率,从而实现供应链的协同效应。这需要企业在分销商选择、销售渠道拓展和市场网络建设等方面进行深入的规划和实施,以确保整个供应链的顺畅运行和高效协同。通过这些措施的实施,企业能够在物流与分销环节实现价值链的协同,提升整个供应链的竞争力和市场响应速度。

(二)基于价值链理论的农产品物流集成优化策略

1. 构建高效的农产品物流价值链

基于价值链理论,构建高效的农产品物流价值链是提升农产品物流竞争力的关键。这要求从全局视角出发,对农产品物流的各个环节进行优化和重构。可通过引入先进的信息技术和物流管理技术,实现物流过程的可视化和智能化,提高物流效率和质量。同时,注重与供应商、分销商等合作伙伴的协同合作,建立紧密的合作关系和共享机制,实现资源的优化配置和价值的最大化。

2. 实施农产品物流的标准化和信息化建设

标准化和信息化建设是提升农产品物流效率和质量的重要手段。基于价值链理论,应积极推动农产品物流的标准化建设,制定统一的物流标准和操作规范。通过标准化建设,可以规范物流作业流程,提高物流作业的规范化水平,降低人为因素对物流过程的影响和干扰。同时,加强信息化建设,构建信息共享平台,实现供应链各环节的信息实时传递和共享。通过信息化手段,可以优化物流作业流程,提高物流效率和质量,降低物流成本。

3. 强化农产品物流的品牌建设和市场营销

品牌建设和市场营销是提升农产品附加值和市场竞争力的重要途径。基于价值链理论,应注重农产品物流的品牌建设和市场营销力度。通过精准的市场定位和差异化营销策略的制定和实施,可以进一步挖掘市场潜力并提升产品的附加值和市场竞争力。同时,应注重与消费者的沟通和互动,了解消费者需求和市场变化,及时调整和优化产品结构和营销策略。在品牌建设过程中,还应注重农产品的品质和安全性的提升,确保农产品符合市场标准和消费者需求。

4. 推动农产品物流的可持续发展

基于价值链理论,推动农产品物流的可持续发展也是物流产业发展的重要目标。这要求企业在优化农产品物流的过程中,注重环境保护和社会责任的承担。企业通过采用环保的物流技术和设备,降低物流过程对环境的影响。同时,企业应积极参与社会公益活动,提升企业的社会形象和品牌价值。通过推动农产品物流的可持续发展,企业可以实现经济效益和社会效益的双赢。例如,在农产品物流中采用节能运输工具和包装材料,可以减少碳排放和废物产生,保护生态环境。此外,通过公平贸易和社会责任项目,企业可以促进当地社区的发展,提高农民的收入水平,增强供应链的稳定性和可持续性。通过这种方式,企业不仅能够获得长远的竞争优势,还能为社会的可持续发展做出贡献。

第二节　数字化转型对农产品物流的影响

一、提升物流效率

(一)减少中间环节

在传统的农产品物流模式中,多级分销和中间环节是常态。而这种复杂的物流链条不仅增加了物流成本,还延长了农产品从产地到消费者的时间,降低了农产品的市场竞争力。数字化转型的到来,为这一问题的解决提供了契机。通过数字化技术的应用,农产品物流链条得以重塑。多级分销和中间环节被大幅削减,农产品实现了从产地到消费者的直接对接。这种变化不仅缩短了物流链条,还降低了物流成本,使得农产品能够以更快的速度、更低的价格到达消费者手中。同时,这种直接对接的方式还增强了农产品的市场竞争力,使得生产者能够更好地适应市场变化,满足消费者的需求。

(二)优化运输路线

1.实时数据分析与路线规划

在农产品运输过程中,交通状况、天气变化等因素都会对运输时间和成本产生影响。而数字化技术使得实时数据分析成为可能。通过实时分析这些数据,可以为农产品运输提供最优的路线规划。这种智能化的路线规划能够避开拥堵路段和恶劣天气,确保农产品按时到达。随着科技的进步,物联网(IoT)、大数据和人工智能(AI)等前沿技术的应用,让实时数据采集与分析变得越来越高效。例如,利用安装在车辆上的GPS设备和传感器,可以收集到关于车辆位置、速度以及行驶条件的数据;通过气象站或卫星图像获取天气预报信息;借助交通监控系统了解道路拥堵情况。这些实时数据被汇集起来,经过复杂算法处理后,可以迅速生成最优路线建议。此外,通过学习历史数据中的模式,系统还能够预测未来可能出现的交通状况或天气变化,从而提前调整路线以避免潜在的问题。而且,在农产品运输中,实时数据分析的重要性不言而喻。例如,在夏季高温期间,对于易腐烂的果蔬而言,避免长时间暴露于高温下至关重要。通过监测温度并结合天气预报,系统可以自动选择气温较低的时间段进行运输,或者选择有遮阴的路线,以减少温度波动对货物的影响。同样地,在雨季或多风季节,系统可以根据天气预报选择受天气影响较小的路线,确保货物的安全运输。

2. 运输成本的降低与效率提升

数字化转型在农产品物流领域发挥着至关重要的作用,它通过优化运输路线来显著缩短运输时间,并有效降低运输成本。这一转变背后的技术驱动力包括物联网(IoT)、大数据、机器学习(ML)和人工智能(AI),它们共同协作,实现了从单一运输决策到全面供应链优化的重要飞跃。利用物联网技术,物流管理者可以获得关于货物位置、状态以及运输条件的实时信息。例如,通过安装在运输工具上的传感器,可以收集到车辆的位置、速度、燃油消耗量等数据,这些数据被传输至云端进行处理。与此同时,通过集成气象站数据或卫星图像,可以获取详细的天气预报信息,帮助预测未来几天内特定地区的天气变化趋势。此外,交通监控系统也能提供有关道路拥堵状况的信息,这对于避开繁忙路段至关重要。这些实时数据流经复杂的算法模型后,能够快速生成最优的路线建议。更进一步地,基于历史数据的学习能力让系统能够预测未来的交通状况或天气变化,从而提前调整路线规划以应对潜在的挑战。例如,在高温天气下,系统会选择那些能够最大限度降低温度波动的路线,保护易腐烂的农产品免受损害;而在雨季或多风季节,则会挑选受影响较小的路径,确保货物安全送达目的地。除了优化路线之外,数字化转型还能显著提升运输效率。

二、提高物流服务质量

(一)实时监控与追溯

1. 实时监控确保品质与安全

数字化技术使得农产品在物流过程中的温度、湿度等环境参数可以实时监控。通过传感器和物联网技术,可以实时获取农产品在运输和仓储过程中的环境数据,确保其在最佳条件下保存和运输。这种实时监控的方式有效减少了环境不适而导致的农产品损耗和变质风险。

2. 全程可追溯系统增强信任度

全程可追溯系统是数字化技术在农产品物流中的一个核心应用。通过为每件农产品赋予唯一的标识码,可以记录其在物流过程中的所有信息,包括来源、加工、运输等。消费者可以通过扫描标识码或访问相关平台随时查询这些信息,了解农产品的全部历程。这种全程可追溯的方式增强了消费者对农产品的信任度,也提高了农产品的市场竞争力。

(二)定制化服务

1. 定制化包装满足个性化需求

定制化包装作为数字化转型的重要成果之一,在农产品物流领域展现出了巨大潜力。传统上,农产品的包装较为单一,难以满足消费者日益增长的个性化需求。而借助数字化转型,农产品物流行业得以提供多样化的包装选项,这不仅提升了产品的市场竞争力,还加强了消费者体验。例如,针对消费者不同的使用场景,可以提供适合家庭聚会、节日送礼或是日常消费的不同尺寸、材质和设计风格的包装方案。这样一来,农产品不再仅仅是商品本身,而是成为一种传递情感和品位的载体。消费者可以根据个人喜好选择环保材料制成的包装,或者偏好具有美观图案的礼品盒,甚至可以根据特定场合定制专属标签或标识。这种定制化的包装方式极大地提高了农产品的价值感,同时也激发了消费者的购买欲望。

2. 配送时间的灵活选择

数字化转型不仅改变了农产品的包装方式,还在配送时间的选择上提供了更大的灵活性。以往,农产品物流通常只能按照固定的时间窗口进行配送,这种模式很难适应现代消费者快节奏的生活习惯和多样化的需求。然而,通过采用先进的智能调度系统和实时跟踪技术,农产品物流实现了配送时间的灵活选择。这意味着消费者可以根据自身的时间安排自由选择最合适的配送时段。例如,在工作日忙碌的消费者可以选择周末送货上门的服务;而对于有特殊需求的客户,如需要在特定时间前收到货物的情况,数字化平台也能提供相应的解决方案。此外,通过移动端应用或网站的实时更新功能,消费者可以随时查看订单状态和预计到达时间,从而更好地规划自己的日程安排。这种灵活性极大地提升了消费者满意度,也为农产品物流企业赢得了良好的口碑。

三、促进供应链协同

(一)信息共享

在农产品物流领域,数字化技术如同一双无形的眼睛,时刻关注着农产品的温度、湿度等环境参数。通过传感器和物联网技术的巧妙结合,这些关键数据得以实时获取,确保农产品在运输和仓储过程中始终处于最佳保存和运输条件。实时监控的魅力在于其能够及时响应环境变化,有效减少环境不适而导致的农产品损耗和变质风险。当温度或湿度超出预设范围时,系统会立即发出警报,提醒物流人员采取相应措施。这种即时反馈机制不仅保障了农产品的品质,也降低了企业的损耗成本。此外,实时监控还为农产品物流企业提供了宝贵的数据支持。通过对历史数据的分析,企业可以优化物流策略,选择更适合的运输方式和仓储条件,进一步提升农产品的品质和安全。

(二)资源整合

1. 物流资源的整合与优化

数字化转型为农产品物流行业带来了资源整合的机遇。数字化平台,可以有效整合分散的物流资源,包括运输车辆、仓储设施等。这种整合不仅有助于实现资源的优化配置和高效利用,还能避免资源浪费和重复建设。借助于数字化技术,物流管理者能够清晰地了解所有可用资源的状态,如车辆的位置、仓库的存储容量等,进而做出更加精准的调度决策。此外,数字化平台提供的实时资源调度和管理功能,确保了物流资源在需要时能够得到及时、有效的利用。例如,在高峰期或紧急情况下,系统可以根据实时需求动态调整资源配置,以确保货物按时送达目的地。同时,基于数据分析的预测模型可以帮助企业提前规划,应对季节性变化或其他可预见的需求波动,从而进一步提升整体物流效率。

2. 仓储资源的智能化管理

在仓储环节,数字化转型同样实现了资源的深度整合。通过引入智能仓储系统,可以实现对仓储资源的自动化和智能化管理。这种系统可以根据实时数据自动调整库存策略、优化货物存储和拣选过程,从而提高仓储效率和准确性。智能仓储系统的应用不仅减少了人工错误,还大幅提升了作业速度。例如,通过使用自动化拣选机器人和智能货架,可以在短时间内完成大量货物的拣选任务,显著缩短订单处理时间。同时,智能仓储系统还可以与运输系统实现无缝对接,确保货物的及时出库和入库,使整个供应链流程更加流畅。这样一来,不仅可以提高客户满意度,还能降低延误带来的额外成本。

第三节　农产品物流智慧化生态中的价值链重构

一、农产品物流智慧化生态中价值链重构的支撑体系

农产品物流智慧化生态中价值链重构是一个持续的过程,需要有一个强有力的支撑体系作为依托。根据农产品物流的自然和社会特征,这个支撑体系既包括微观的企业要素,又包括宏观的社会公共支持因素。这些要素共同构成了支撑农产品物流智慧化生态中价值链重构的完整框架(如图 2-1 所示)。

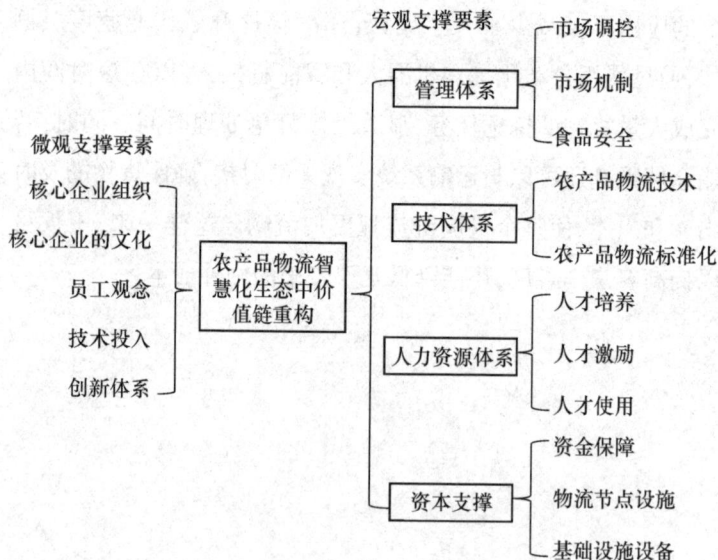

图 2-1　农产品物流智慧化生态中价值链重构的支撑体系

　　农产品物流智慧化生态中价值链重构的宏观支撑要素包括四个主要部分:管理体系、技术体系、人力资源体系和资本支撑。管理体系涉及市场调控、市场机制和食品安全,技术体系主要指农产品物流技术及其标准化,人力资源体系涵盖人才培养、人才激励和人才使用,资本支撑包括资金保障、物流节点设施和基础设施设备。

　　管理体系包括市场调控、市场机制和食品安全。市场调控和机制的健康运作保障了农产品物流市场的稳定性和透明度,有助于优化资源配置,提升效率。食品安全则是确保农产品从生产到消费整个过程中质量和安全的重要环节,是赢得消费者信任的基础。

　　技术体系主要指农产品物流技术和相关的标准化工作。先进的物流技术能够提高农产品在运输、储存等环节的效率和效果,减少损耗。而标准化工作则是实现技术兼容和流程优化的关键,有助于整个物流系统的智能化和自动化水平的提升。

　　人力资源体系涵盖人才培养、人才激励和人才使用。在农产品物流智慧化过程中,具备专业知识和技术的人才至关重要。通过有效的培养机制,可以提升现有员工的技能;通过激励机制,可以调动员工的积极性和创造力;通过合理的人才使用政策,可以确保人尽其才,才尽其用。

　　资本支撑包括资金保障、物流节点设施和基础设施设备。充足的资金支持是农产品物流智慧化生态中价值链重构的重要保障。物流节点设施和基础设施设备则是物流活动得以顺利进行的基础,现代化的设施和设备能够大幅提高物流效率和可靠性。

微观支撑要素主要包括核心企业组织、核心企业的文化、员工观念、技术投入和创新体系。核心企业组织在农产品物流智慧化生态中起着至关重要的作用，它们不仅是物流活动的直接参与者，也是创新和变革的推动者。核心企业的文化影响着员工的工作态度和创新意识，从而直接影响价值链重构的过程和效果。员工观念在农产品物流智慧化生态中扮演着关键角色，它不仅是企业战略落地的思想基础，也是推动智慧化转型的内在动力。技术投入是农产品物流智慧化生态的核心驱动力，它决定了物流效率的提升空间和智慧化转型的可持续性。创新体系是农产品物流智慧化生态的价值链重构引擎，它整合技术、管理和商业模式创新，推动物流生态的持续进化。

二、农产品物流智慧化生态中价值链重构的主体

（一）核心企业在农产品物流智慧化生态中的价值链重构中的行为

核心企业是整个价值链的领导者和支配者。它承担了农产品物流价值链中组织者与协调者的功能，通过优化自身流程和网络结构、组织农产品物流价值活动、协调各节点的收益分配、与相关部门建立委托代理关系，从而最大程度地挖掘价值链的竞争优势。上述核心企业的行为是建立在以核心企业为中心的一体化物流服务基础上，即各环节的物流活动高度集成和综合，各环节建立信息共享、互相支持的合作伙伴关系。理想的超市农产品价值链，如图 2-2 所示。

制度经济学的交易成本理论和现代物流网络理论是实施

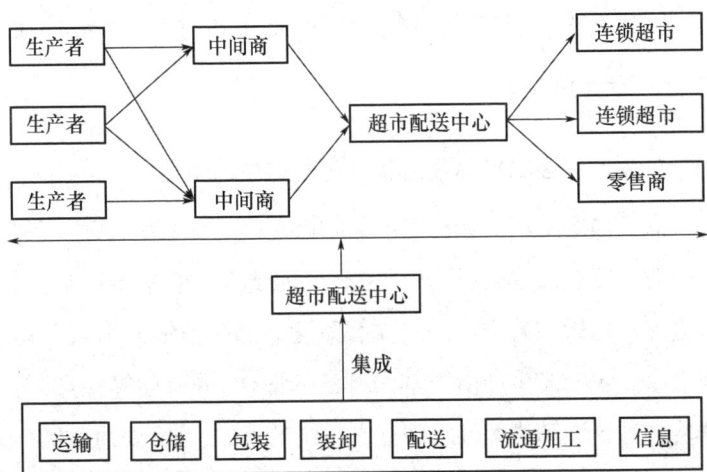

图 2-2　理想的超市农产品价值链

一体化物流的基础。在一体化物流中,由于物流服务提供商要为核心企业提供一整套定制的、集成的综合物流服务,物流服务提供商需要根据农产品及其物流特性选购专有性很强的设施和设备。设施设备专有性的提高,增加了市场机会主义风险。为了减少市场机会主义,物流服务提供商减少了设施设备的专用性。核心企业在农产品物流价值链的组织和协调工作中尽量避免采取市场交易方式,以减少市场机会主义,转而采用网络模式,核心企业与物流服务提供商或其他节点企业利用物流资源互补特征建立合作关系,由此产生的协同共享效应是增强农产品物流智慧化生态价值链的竞争力的重要途径。因此,核心企业在农产品物流智慧化生态价值链中应充分挖掘网络中的物流资源和要素,通过对外部物流资源分析的基础上最大程度地整合和优化,实现物流功能的集成。

（二）生产者在农产品物流智慧化生态中的价值链重构中的行为

1. 生产者在农产品物流智慧化生态中的角色

农产品的生产者作为农产品物流系统的输入端,其生产和变化对供给物流模式、设备以及厂商的选择有着重要影响,同时也深刻地影响着农产品物流智慧化生态价值链的形成和运作效率。农产品生产由于其固有的分散性、季节性等特点,与消费的连续性和均衡性之间存在一定的矛盾,这需要通过储存来解决。此外,不同地区之间的品种与质量差异,以及农业产业结构的不同,导致了物流的流向、流量存在不均衡性,进而影响到宏观物流价值链的整体效率。在这种情况下,区域间的农产品因差异化的流动成为主要的物流渠道,这对区域间乃至区域内物流模型的设计、物流过程的管理以及物流主体的选择都提出了新的要求。而且,生产者的组织程度对于农产品物流系统而言至关重要,它直接决定了物流系统输入的规模、效率以及模式的选择。当生产者以较为分散的形式存在时,可能会导致物流成本上升,而如果生产者能够通过合作社等形式实现一定程度的组织化,则有助于提高物流效率,降低物流成本。因此,生产者及其生产特点在农产品物流智慧化生态中扮演着关键影响者和合作者的角色,是价值链结构影响因素的重要分析源泉。对于核心企业来说,在选择物流模式、努力降低物流成本的过程中,必须充分考虑生产者及其生产特点这一重要因素。

2. 生产者行为对农产品物流智慧化生态中的价值链重构的作用

在农产品物流智慧化生态中,生产者的行为直接影响着物流价值链的重构。例如,随着信息技术的应用,生产者可以更加准确地掌握市场需求,从而合理安排生产计划,减少过剩或短缺的情况发生。此外,生产者还可以利用物联网技术监测作物生长情况,提前预判收成情况,从而更好地协调物流资源。在智慧化物流系统中,生产者可以与下游的加工企业和零售商共享信息,共同规划物流路径和时间表,以达到最佳的物流效果。同时,生产者还可以借助大数据分析,了解消费者的偏好变化,进而调整种植结构和产品组合,使农产品更加符合市场需求,提高整体供应链的灵活性和响应能力。

(三) 物流服务商在农产品物流智慧化生态中的价值链重构中的行为

1. 物流服务商在农产品物流智慧化生态中的核心作用

在农产品物流智慧化生态中,物流服务商扮演着至关重要的角色。它们是连接生产者、中介组织、中间商和零售商的纽带,负责整合和优化企业间的物流资源,以高效率、低成本的方式满足各方的物流需求。作为价值链的核心执行者,物流服务商的行为直接决定了农产品物流系统的运作效率和效益。物流服务商的价值创造能力主要体现在其技术水平、物流组织程度和物流服务的综合程度上。通过不断提升自身的专业化水平,物流服务商能够更好地理解和满足客户的物流需求,提供更加精准、高效的物流服务。同时，通过优化物流组织程度，物流服务商能够将各职能物流和各主体物流资源进行纵向整合，形成综合物流组织化程度，从而提升农产品物流价值链的竞争力。

2. 物流服务商主导的价值链增值与农产品物流系统的优化升级

理想的物流服务商不仅是一个简单的物流服务提供者，更是一个能够主导价值链增值和运作的一体化物流提供商。它们通过向生产到消费的全过程提供完整的综合物流服务，实现了对农产品物流系统利润的增值和创新的增值。这种创新的增值是农产品物流价值链优化和升级的基础。通过引入先进的物流技术和管理理念，物流服务商能够不断提升农产品物流系统的运作效率和服务质量，从而为客户创造更多的价值。同时，物流服务商还能够通过优化价值链结构、降低运营成本等方式，提升整个农产品物流系统的竞争力。

（四）零售商在农产品物流智慧化生态中的价值链重构中的行为

1. 零售商在农产品物流智慧化生态中的定位

在农产品物流体系中，作为连接生产者与消费者的桥梁，零售商承担着将农产品从产地运送到最终消费者的重任。在这个过程中，零售商主要负责农产品的分级、包装、短途运输（通常指"最后一公里"运输）、废弃物回收以及信息处理等工作。在中国，农产品零售活动主要发生在农贸市场、超市连锁店以及餐饮店等场所,其中农贸市场是大多数居民日常消费的主要去处。零售商的交易模式、组织程度以及交易范围等因素,对消费物流的规模、设施设备的选择以及组织和技术的应用等方面都有着重要影响。而且,随着零售商在农产品物流智慧化生态价值链中占据主导地位以及规模的不断扩大,零售商对农产品物流的影响范围也在不断扩展,从最初的销售物流和配送物流,逐渐延伸到了供应物流和交易物流等领域。这种扩展意味着零售商在农产品物流智慧化生态价值链中的作用日益增强,正逐步形成一种新的农产品物流模式。在此过程中,零售商不仅是物流价值链中增值的执行者和创造者,也是价值链运作效率的主要参与者和影响因素分析的源泉。

2. 零售商行为对农产品物流智慧化生态中价值链重构的影响

在农产品物流智慧化生态中,零售商的行为对物流价值链的重构起着至关重要的作用。随着数字化技术的应用,零售商能够利用数据分析工具对市场趋势进行预测,根据消费者需求调整库存量和产品种类,实现精细化管理。通过电商平台和社交媒体等渠道,零售商可以更加高效地与消费者沟通交流,收集反馈信息,从而改进服务质量和提升顾客满意度。此外,零售商还可以采用智能仓储管理系统来优化库存结构,减少库存成本,同时利用物联网技术实现对农产品质量的全程追溯,保障食品安全。随着零售商在农产品物流智慧化生态中占据越来越重要的位置,其开始探索与生产者、物流提供商之间的新型合作模式。例如,通过共享数据平台,零售商可以与上游供应商实时共享销售数据和库存状态,以实现精准补货和减少库存积压。同时,零售商还可以通过整合物流资源,提高运输效率,降低物流成本。这种合作模式不仅有助于提升整个供应链的效率,还能促进农产品的快速流通和增值利用,最终推动农产品物流行业的转型升级和可持续发展。

(五)中介组织在农产品物流智慧化生态中价值链重构中的行为

1. 农产品流通中介组织的角色与职能演变

农产品流通中介组织,作为传统农业发展过程中的重要产物,其诞生与演进深刻地反映了农业生产与市场需求的内在矛盾与互动关系。起初,这些小生产大市场的矛盾促使了中介组织的出现,它们像桥梁一样,连接着生产者与广阔的市场,有效地衔接了产销两端,极大地节约了交易费用。随着农业现代化的推进,农产品流通中介组织的职能也逐步丰富和完善,从最初的销售代理,扩展到提供多样化的服务,再到参与市场管理,它们在农产品流通领域的作用日益凸显。在世界范围内,农产品流通中介组织的形式多样,包括农产品流通合作社、贸工农一体化组织、农业协会组织、销售代理和拍卖行等。这些组织通过实现交易的集中化和规模化,进一步强化了生产与市场的联系,成为供应物流的起点。它们不仅促进了农产品的顺畅流通,还在一定程度上影响了物流价值的增值。可以说,农产品流通中介组织是农业生产与市场之间的关键纽带,它们的组织程度和规模直接影响着农产品物流的效率和价值。

2. 中介组织在农产品物流智慧化生态价值链中的核心功能

随着信息技术的飞速发展和智慧农业理念的深入人心,农产品物流领域正经历着一场深刻的变革。在这场变革中,中介组织作为农产品物流智慧化生态价值链的主要参与者和影响因素,其行为和角色也在发生着显著的变化。它们不再仅仅满足于传统的中介服务,而是积极投身于物流智慧化生态的构建和优化中。中介组织通过引入先进的信息技术和管理理念,对农产品物流的各个环节进行智能化改造和升级。它们利用物联网、大数据、云计算等技术手段,实现农产品流通的全程可追溯、实时监控和智能调度,极大地提高了物流的效率和准确性。同时,中介组织还通过与其他产业链参与者的紧密合作,共同打造了一个协同、高效、绿色的农产品物流智慧化生态系统。在这个过程中,中介组织的重构行为不仅体现在技术层面的创新和应用上,更体现在其对整个农产品物流生态价值链的深刻理解和重塑上。它们通过优化资源配置、提升服务质量、强化信息共享等方式,不断推动农产品物流向更加智慧化、生态化的方向发展。可以说,中介组织在农产品物流智慧化生态价值链中的重构行为,是实现农产品物流现代化、提升农业竞争力的关键所在。

(六)消费者在农产品物流智慧化生态中的价值链重构中的行为

1. 消费者行为对农产品物流智慧化生态中的价值链重构的基础性影响

农产品物流体系的核心目标是解决生产与消费之间的时

空差异,最终服务于农产品的消费。而农产品的消费特点和消费变化,不仅影响着农产品物流的运作模式和效率,还深刻地影响着农产品物流智慧化生态价值链的形成和运作效率。消费者的购买习惯和购买量是影响农产品物流系统的关键因素之一。以我国消费者为例,他们在购买农产品时,尤其是鲜活农产品,倾向于每天购买且购买量较少。这种购买行为决定了某一区域的农产品物流需求是持续的但规模较小,从而对农产品物流的模式和效率提出了特定的要求。此外,农产品供给的缺乏弹性与消费者延展消费和结构消费的富有弹性之间的矛盾,也是影响农产品物流智慧化生态价值链重构的重要因素。农产品受生产特点的制约,其生产具有季节性和长周期性,导致供给缺乏弹性。然而,随着人们生活水平的提高,消费者开始追求产品的外延消费和质量,形成了延展消费和结构消费富有弹性的趋势。这种消费趋势的变化不仅导致了消费习惯和生产方式的改变,还推动了物流模式的变化和改革,进而影响了物流价值链的形成和优化。

2. 消费特点对农产品物流模式选择与价值链形成优化的决定性作用

农产品物流智慧化生态价值链的重构,不仅受到消费者行为的影响,更受到消费特点的决定性作用。消费特点决定了农产品物流模式的选择和物流价值链的形成与优化。具体来说,消费者的购买频率、购买量以及对农产品品质、多样性的需求,都直接影响着农产品物流的运作模式。例如,为了满足消费者每天购买鲜活农产品的需求,农产品物流系统需要建立高效、灵活的配送网络,以确保农产品的新鲜度和及时性。同时,消费特点的变化也推动着农产品物流模式的创新和改革。随着消费者对农产品外延消费和质量追求的提升,农产品物流系统需要不断优化和升级,以适应这种消费趋势的变化。这包括引入先进的物流技术和管理理念,提高物流运作效率和服务质量,以及建立更加紧密的生产者与消费者之间的联系,以实现农产品的定制化生产和精准配送。

第四节　数字化转型下的农产品物流智慧化生态优势

一、成本有效控制

(一)降低人力成本

1. 技术革新减少人工依赖

数字化转型的核心在于技术的革新与应用,在农产品物流领域,自动化分拣系统、无人仓储等先进技术的引入,极大地减少了传统物流对人工的依赖。这些技术不仅提高了分拣和仓储的效率,还降低了错误率和人力成本。例如,自动化分拣系统能够准确、快速地完成农产品的分类和打包,无须大量人力参与,从而节省了人工成本。此外,通过机器视觉和人工智能算法的支持,自动化分拣系统还能根据农产品的外观、尺寸和重量等特征进行精确分类,确保每一件产品都被正确处理。在仓储环节,无人仓储技术的应用也取得了显著成效。通过部署智能机器人和自动化货架系统,仓库可以实现全天候不间断运作,大幅度提升了存储密度和出入库效率。与此同时,这些技术还能有效避免人工操作失误导致的商品损坏或错发等问题,进一步保证了物流过程的安全性和准确性。随着技术的进步,农产品物流行业正在经历一场深刻的变革,自动化设备的广泛应用正逐步改变着行业的人力结构,为企业的持续发展注入了新的活力。

2. 数字化管理提升作业效率

数字化的管理系统使得物流作业更加高效、精准。通过数字化手段,企业可以实时监控物流作业的各个环节,及时发现并纠正问题,减少了人为错误和浪费。同时,数字化的管理系统还能够优化物流路线、提高车辆利用率等,进一步降低了人力成本。例如,通过 GPS 定位技术和实时交通信息更新,数字化管理系统可以为司机提供最优行驶路线,避免拥堵和延误,确保货物按时到达目的地。此外,数字化管理系统还能根据货物的数量、重量和目的地等因素,自动计算出最合适的装载方案和运输工具,最大限度地提高了车辆的装载率和运输效率。不仅如此,这些系统还能根据历史数据预测未来的物流需求,帮助企业提前做好准备,减少临时调配资源所带来的额外费用。数字化管理系统的普及和应用,不仅提高了农产品物流的运作效率,还为企业带来了实实在在的成本节约,促进了整个行业的健康发展。

3. 智慧化生态促进人力优化

在数字化转型的推动下,农产品物流智慧化生态逐渐形成。这一生态涵盖了从农产品生产、加工到销售的全链条。在这个生态中,各个环节的数据和信息得以实时共享和传输,实现了物流作业的无缝衔接。这种无缝衔接不仅提高了物流效率,还使得人力资源得到了更加合理的配置和优化。例如,在生产环节,通过智能传感器收集土壤湿度、温度等环境参数,农业生产者可以精准灌溉和施肥,提高作物产量和品质。而在物流配送环节,通过集成的物流信息系统,可以实时追踪货物的位置和状态,确保及时配送给终端用户。此外,通过数据分析工具,可以对消费者的购买习惯和偏好进行深入研究,帮助商家制定更加精准的营销策略,从而提高销售额。智慧化生态的构建不仅促进了农产品物流行业的整体升级,还为相关从业者提供了更多学习和发展的机会,促使行业向着更加专业化和智能化的方向迈进。

(二)减少物流损失

1. 智能化技术减少物理损耗

数字化转型还带来了智能化的包装和仓储技术,这些技术通过优化包装材料、改进仓储方式等手段,有效减少了农产品在物流过程中的物理损耗。例如,智能化的包装技术可以根据农产品的特性和运输需求,选择最合适的包装材料和方式,确保农产品在运输过程中不受损伤。智能化包装不仅包括使用抗压、防震的材料,还涉及包装设计的创新,比如使用透气性良好的包装材料来保持农产品的新鲜度,或是采用缓冲装置来减少运输过程中的震动和碰撞。在仓储方面,智能仓储系统能够自动识别农产品的种类和特性,根据这些信息自动分配最适合的存储位置和条件。例如,易腐烂的农产品会被放置在冷藏或冷冻区,而耐储藏的农产品则可以存放在常温环境中。通过这种方式,可以最大限度地减少农产品在物流过程中的物理损耗,确保它们以最佳状态到达消费者手中。

2. 数据驱动降低损耗风险

数字化转型还使得数据在农产品物流中的应用更加广泛和深入。通过对历史数据的分析和挖掘,企业可以预测农产品在物流过程中可能遇到的损耗风险,并提前采取措施进行防范。这种数据驱动的管理方式,不仅提高了农产品物流的效率和安全性,还进一步降低了损耗率。通过对过去几年的物流数据进行分析,企业可以发现损耗发生的规律,比如特定季节或天气条件下损耗率较高,或是某个特定运输路线经常出现问题。基于这些发现,企业可以调整物流计划,比如在高风险季节增加冷藏车的数量,或是改变运输路线以避开交通拥堵路段。此外,通过持续监测和分析实时数据,企业可以及时调整物流策略,比如在检测到运输车辆内部温度突然升高时,立即通知司机采取降温措施。这种基于数据的决策支持,不仅有助于预防潜在的损耗风险,还能帮助企业更好地满足市场需求,提高整体物流服务水平。

二、品质与安全保障增强

(一)全程监控

1. 实时监控确保环境参数稳定

数字化转型如一股强劲的春风,吹拂着农产品物流的每一个角落。在这场变革中,实时监控技术脱颖而出,成为确保农产品环境参数稳定的重要利器。通过在运输车辆、仓储设施等关键节点安装传感器,企业得以实时获取农产品的温度、湿度、光照等环境参数,仿佛为农产品披上了一层无形的保护罩,确保它们在最佳条件下保存和运输。这种实时监控的魅力在于其即时性和准确性。它能够在第一时间发现环境参数的异常波动,并迅速采取措施进行调整,从而有效避免农产品因环境不适而产生的品质下降和安全隐患。同时,实时监控还为农产品物流企业提供了宝贵的数据支持,帮助它们优化物流策略,选择更适合的运输方式和仓储条件,进一步提升农产品的品质和安全性。对于消费者而言,实时监控技术的应用也带来了更加可靠的农产品选择。消费者可以通过企业提供的平台或APP,随时查看农产品的实时环境参数和历史数据,确保自己购买的农产品是在最佳条件下保存和运输的。这种透明化的信息查询方式,不仅增强了消费者对农产品的信任度,也提升了农产品的品牌形象和市场竞争力。

2. 全程可追溯系统增强消费者信任

在数字化转型的浪潮中,全程可追溯系统如同一颗璀璨的明珠,熠熠生辉。这一系统的应用,使得消费者可以随时查询农产品的来源、加工、运输等信息,仿佛为农产品穿上了一件透明的外衣,让消费者一眼就能看透其内在的品质和安全性。通过扫描农产品上的二维码或输入相关信息,消费者可以轻松获取农产品的详细档案。这份档案如同农产品的身份证,记录了它从生产地到消费者手中的每一个重要环节。消费者可以清晰地了解到农产品的生产日期、加工过程、运输路线等信息,甚至还能追溯到具体的生产者和加工者。这种透明度不仅满足了消费者对食品安全的高要求,也提升了农产品的品牌形象和市场价值。全程可追溯系统的应用,还为农产品物流企业带来了诸多益处。它提高了物流过程的透明度和可追溯性,使得企业在面对问题时能够迅速定位并解决。同时,全程可追溯系统也为企业提供了优化物流流程、提高运营效率的可能。通过对农产品在物流过程中的数据进行实时监控和分析,企业可以及时调整运输路线、仓储布局等,确保农产品在最短的时间内以最佳的状态送达消费者手中。

3. 智慧化生态提升物流效率与安全性

数字化转型的深入发展,推动了农产品物流智慧化生态的逐渐形成。这一生态如同一个庞大的网络,将农产品生产、加工、销售等各个环节紧密相连,实现了物流作业的无缝衔接和全程监控。在这个智慧化生态中,各个环节的数据和信息得以实时共享和传输。这如同为农产品物流装上了一双翅膀,让它能够更加高效地飞翔。通过智能化的管理手段和技术应用,农产品物流企业可以实时掌握货物的位置、状态等信息,及时调整物流策略,提高物流效率。同时,智慧化生态还通过数据分析等方式,帮助企业优化物流流程,降低运营成本,提高市场竞争力。除了提高物流效率外,智慧化生态还为农产品物流带来了更高的安全性。通过实时监控和预警系统,企业可以及时发现并处理潜在的安全隐患,确保农产品在物流过程中的安全无虞。同时,智慧化生态还通过加密技术、访问控制等手段,保护农产品物流数据的安全性和隐私性,防止数据泄露和滥用。这种全方位的安全保障,让农产品物流企业能够更加放心地开展业务,也为消费者提供了更加安全、可靠的农产品选择。

(二)智能检测与预警

1.智能检测设备是品质监控的利器

智能检测设备是农产品物流智慧化生态中的重要组成部分。这些设备利用先进的传感器和图像处理技术,可以对农产品的外观、重量、成分等进行全面检测。与传统的人工检测相比,智能检测设备不仅检测速度更快、准确性更高,还能实现24小时不间断监控。这种高效、准确的品质监控方式有效减少了不合格产品的流通风险。例如,在农产品的分拣阶段,智能检测设备可以迅速识别出受损、有病虫害或不符合标准的产品,并将其剔除出来。此外,通过集成的智能识别系统,设备还能根据产品的颜色、形状等特征进行分类,确保只有合格的产品才能进入下一步的物流流程。通过这种方式,智能检测设备不仅提高了检测效率,还降低了人工误判造成的损失,为农产品的品质监控提供了强有力的保障。

2. 智能算法是预警系统的核心

智能算法在农产品物流智慧化生态中发挥着关键作用，通过对大量物流数据的分析和学习，算法能够识别出农产品品质变化的规律和趋势。一旦发现异常数据或潜在风险，算法会立即触发预警机制，通知相关人员进行处理。这种智能化的预警系统不仅提升了品质监控的实时性和准确性，还为农产品物流行业的风险管理提供了新的思路。例如，通过对历史数据的学习，智能算法可以预测在特定气候条件下，某种农产品容易受到的损害类型，并提前调整物流策略，以减少损失。同时，算法还可以根据运输途中的温度变化、震动强度等实时数据，评估产品的完好程度，一旦发现问题迹象，即可启动应急响应机制，采取措施降低风险。这种基于数据的智能分析方法，为农产品物流行业的品质管理和风险控制提供了强有力的技术支持。

三、可持续发展能力增强

（一）绿色物流

1. 优化运输路线，降低能耗与排放

传统农产品物流往往面临着运输路线不合理、空驶率高等问题，这不仅增加了物流成本，还加剧了环境污染。而数字化转型通过大数据分析和智能算法，能够实时优化运输路线，确保车辆以最短的路径、最少的时间到达目的地。同时，通过预测交通流量和路况信息，系统还能有效避免拥堵路段，进一步减少能源消耗和尾气排放。这种智能化的路线规划，不仅提升了物流效率,更为实现绿色物流奠定了坚实基础。例如,通过集成 GPS 定位技术和实时交通数据,智能物流系统能够动态调整运输车辆的行进路线,避开交通拥堵区域,确保运输过程既高效又环保。此外,系统还能根据车辆的载重情况和货物特性,推荐最适合的运输方式和车型,进一步优化资源利用,减少能源浪费。这种智能优化不仅有助于降低物流企业的运营成本,还能够减少碳足迹,促进环境可持续发展。

2. 推广环保包装,减少物流污染

在农产品物流过程中,包装材料的使用是一个不可忽视的污染源,传统的塑料包装、泡沫箱等不仅难以降解,还可能在运输过程中产生有害物质。数字化转型为推广环保包装提供了有力支撑。通过数字化管理系统,物流企业可以精确追踪包装材料的使用情况,鼓励回收和再利用。同时,基于大数据的分析,企业还能预测包装需求,避免过度生产和浪费。这种从源头到末端的环保包装管理,有效减少了物流过程中的环境污染。例如,通过采用可生物降解的包装材料替代传统塑料制品,不仅减少了对环境的污染,还提高了包装材料的循环利用率。此外,数字化平台还可以通过分析历史订单数据,预测未来的包装需求量,帮助企业合理规划采购计划,避免因过度包装而产生的额外成本和环境负担。这种环保包装策略不仅有利于保护自然环境,还能够提升企业的社会责任感和社会形象。

(二)供应链协同

1. 数字化平台是信息共享的桥梁

数字化平台是农产品物流智慧化生态中的重要组成部分,

通过这一平台,供应链各环节的企业可以实时共享库存、订单、运输等关键信息。这种信息共享不仅减少了信息传递的延误和误差,还使得各企业能够更好地协调作业计划,避免资源浪费和冲突。例如,生产商可以通过平台实时查看零售商的库存水平,根据实际需求灵活调整生产和发货计划;而零售商则可以根据消费者的购买行为和趋势预测,提前做好库存准备,避免断货或积压的情况发生。此外,数字化平台还为供应链金融、风险管理等增值服务提供了有力支撑,进一步提升了供应链的整体效能。通过平台的数据分析功能,金融机构可以更准确地评估供应链企业的信用状况,为融资提供便利;同时,平台还可以帮助供应链企业识别潜在的风险点,提前采取措施进行防范。这种信息共享的方式,为供应链各参与方带来了巨大的价值,促进了整个行业的健康稳定发展。

2. 第三方物流服务平台是资源整合的纽带

基于数字化技术的第三方物流服务平台在农产品物流智慧化生态中扮演着重要角色,这些平台通过整合社会化的物流资源,为农产品供应链提供了一站式的物流解决方案。无论是仓储、运输还是配送,企业都可以通过平台找到最合适的合作伙伴。这种资源整合不仅降低了物流成本,还提升了物流服务的灵活性和响应速度。例如,通过平台的智能匹配系统,企业可以快速找到距离最近、价格合理的运输服务提供商,大幅缩短了寻找合作伙伴的时间。此外,平台还可以提供实时的物流跟踪服务,确保货物的安全准时送达。在数字化转型的推动下,第三方物流服务平台的功能将更加完善,为农产品物流行业的协同发展注入新的动力。随着技术的进步,平台将进一步集成人工智能、区块链等前沿技术,为供应链企业提供更加高效、安全的服务。

第三章 农产品物流智慧化生态迭代路径

第一节 农产品物流智慧化生态迭代动力机制

一、技术进步是推动智慧化生态迭代的核心动力

(一)现代化信息技术的支撑

1. 信息采集与处理是推动智慧化物流生态迭代的基础

在农产品物流智慧化生态迭代中,信息采集与处理是构建整个智慧化体系的基础。现代化信息技术通过高精度、高速度的数据采集和处理手段,为农产品物流提供了实时、准确的信息支持。例如,通过安装在仓库、运输车辆以及农产品包装上的各种传感器,可以实时监测农产品的温度、湿度、位置等关键指标,确保农产品在物流过程中的品质不受损害。同时,这些数据还可以被用来预测农产品的保质期,以及评估物流过程中的潜在风险点。此外,借助云计算和大数据技术,可以实现对海量数据的高效处理和分析,帮助物流管理者快速做出决策,

提高物流效率。例如,通过分析历史物流数据,可以预测未来一段时间内农产品的需求量,提前做好物流资源的调配工作,避免资源浪费。

2. 实时监控与感知技术的关键作用

现代化信息技术中的实时监控与感知技术,如同农产品物流的智慧之眼,能够实时捕捉和传输农产品在物流过程中的各种状态信息。通过在仓库、运输车辆等关键节点部署传感器和监控设备,可以实时获取农产品的温度、湿度、位置等关键数据,确保农产品在物流过程中的安全和品质。例如,在运输过程中,通过安装在车厢内的温度监控器,可以随时了解车厢内的温度变化情况,一旦温度超出设定范围,系统会自动报警,提醒驾驶员采取相应措施,以防止农产品因温度过高或过低而受损。此外,通过 GPS 定位系统,可以实时追踪运输车辆的位置,确保农产品能够按照预定路线准时送达目的地。

(二)物流网络优化是实现智慧化生态迭代的关键

1. 多式联运与物流节点协同的优化

在复杂的物流网络中,多式联运与物流节点的协同显得尤为重要。现代化信息技术通过信息共享和协同管理,实现了不同运输方式和物流节点之间的无缝衔接,提高了整个物流网络的运行效率。例如,通过集成的物流信息平台,可以实时获取不同运输方式的信息,如公路、铁路、水路等,以及各个物流节点的状态,包括仓库、配送中心等。这些信息的整合使得物流管理者能够根据实际情况灵活调整运输方案,如在某一运输线路受阻时,能够迅速切换到备选线路,确保物流的顺畅进行。此外,基于物联网技术,还可以实现对货物状态的实时监控,确保在多式联运过程中货物的安全和完整性。这种协同机制不仅减少了物流过程中的等待时间和货物滞留,还降低了信息不畅导致的额外成本,提升了整个物流网络的运行效率。

2. 应急响应与灵活调整能力的增强

面对突发的交通状况或天气变化,智慧化物流网络需要具备快速的应急响应和灵活调整能力。现代化信息技术通过实时监控和数据分析,能够迅速感知并应对各种变化,确保农产品物流的稳定性和可靠性。例如,通过集成 GPS 定位和气象预报系统,可以实时获取交通拥堵、道路封闭等信息,并根据这些信息动态调整运输路线,避免延误。此外,通过大数据分析技术,还可以预测未来可能出现的问题,如天气预报显示未来几天将有强降雨,物流管理者可以根据这一信息提前调整运输计划,以避免恶劣天气导致的延误。这种基于实时数据的应急响应机制,不仅提高了物流网络的灵活性,还能够有效减少突发事件引起的损失。

(三)供应链协同管理是推动智慧化生态迭代的核心力量

1. 信息共享平台建设

在农产品物流领域,建立一个完善的信息共享平台,意味着各个环节都能实时获取所需的信息资源,这无疑将大大提高决策的准确性和及时性。想象一下，从农田到餐桌，每一个环节的信息都如同血液般流畅地在供应链中传递，这将极大地增强供应链的透明度，使得每一个参与者都能清晰地看到整个流程的状态，从而做出更加明智的决策。这样的信息共享平台，不仅让农产品物流的各个环节更加紧密地联系在一起，还促进了它们之间的深度合作。当信息成为共享的资源时，各个环节就能更好地协同工作，共同应对市场变化，提高整体竞争力。因此，信息共享平台的建设，是农产品物流协同管理不可或缺的一部分，也是推动整个行业向更高水平发展的关键。

2. 协同作业与资源整合的实现

在信息共享的基础上，协同作业与资源整合成为可能。这得益于现代化信息技术的飞速发展，它如同一位无形的指挥家，通过优化资源配置、协调作业计划等手段，使得供应链各环节能够像乐团中的乐器一样，和谐地协同作业，实现高效运行。这种协同作业和资源整合带来的好处是显而易见的。它不仅提高了整个供应链的响应速度，使得农产品能够更快地到达消费者手中，还降低了运营成本，提高了整体效益。当各个环节都能紧密配合，资源得到最优配置时，整个供应链就能发挥出最大的效能。因此，现代化信息技术在农产品物流中的应用，不仅仅是技术的革新，更是管理模式的变革。它让协同作业和资源整合成为可能，推动了农产品物流向更加高效、智能的方向发展。

二、市场需求是驱动智慧化生态迭代的重要力量

(一)消费者对农产品品质和安全性的要求提高

1. 消费者需求升级使农产品品质与安全性成为关注焦点

随着经济的持续发展和生活水平的显著提升,消费者对农产品的需求已经不再仅仅满足于基本的温饱需求,而是更加注重农产品的品质和安全性。这一变化反映了消费者健康意识的增强和对高品质生活的追求。在现代社会,农产品作为人们日常饮食的重要组成部分,其品质和安全性直接关系到消费者的身体健康和生活质量。因此,消费者对农产品的选择更加挑剔,对农产品的产地、生产过程、添加剂使用等方面都提出了更高的要求。这种需求的升级对农产品生产和物流提出了严峻的挑战。为了满足消费者的需求,农产品生产和物流环节必须实现更加严格的质量控制和安全保障。智慧化物流作为一种新兴的物流模式,正是应对这一挑战的有效手段。它通过实时监控、追溯管理等手段,对农产品的整个生产和流通过程进行严格的把控,确保农产品的品质和安全性。

2. 智慧化物流的实时监控与追溯管理切实保障农产品品质

智慧化物流在农产品生产和流通中的应用,主要体现在实时监控和追溯管理两个方面。实时监控通过对农产品生产环境的温度、湿度、光照等关键参数进行实时监测,确保农产品在最佳的生长环境中生长,从而保证农产品的品质。同时,实时

监控还可以及时发现并处理农产品生产过程中的异常情况,防止次品和不合格产品的产生。追溯管理则是智慧化物流在农产品流通环节的重要保障。通过为农产品建立唯一的标识码,并记录农产品从生产到流通的每一个环节的信息,消费者可以扫描标识码了解农产品的全部信息,包括产地、生产日期、流通过程等。这样,一旦农产品出现质量问题,可以追溯到具体的生产环节和责任人,从而确保农产品的安全性。

(二)电商平台的兴起

1. 电商平台是智慧化物流应运而生的推动力

在农产品销售中,物流不仅是连接生产者与消费者的桥梁,更是保障农产品新鲜度、安全性的关键。传统的物流模式在面对电商平台带来的大量订单和快速配送需求时显得力不从心。因此,智慧化物流应运而生,成为支持电商平台持续发展的重要力量。智慧化物流通过运用先进的信息技术,如物联网、大数据、人工智能等,实现了物流过程的自动化、智能化和高效化。这不仅能够大幅提高配送效率,缩短农产品从田间到餐桌的时间,还能够有效降低物流成本,提升物流服务的整体质量和消费者体验。在智慧化物流的支持下,电商平台能够更好地满足消费者对农产品快速、便捷的需求,进一步巩固和扩大市场份额。

2. 智慧化物流助力电商平台满足消费者需求

在电商平台快速发展的背景下,消费者对农产品的需求也日益多样化、个性化,不仅关注农产品的品质和价格,还对配送速度、服务体验等方面提出了更高的要求。智慧化物流正是满足这些需求的关键所在。通过实时监控和数据分析,智慧化物流能够确保农产品在运输过程中的新鲜度和安全性,让消费者享受到更加放心、满意的购物体验。同时,智慧化物流还能够提供灵活的配送选项和准确的到货时间预测,让消费者能够根据自己的需求选择合适的配送方式和服务。这种以消费者为中心的服务理念不仅提升了电商平台的竞争力,还进一步推动了农产品销售的持续增长。在智慧化物流的助力下,电商平台正不断满足并引领着消费者对农产品的新需求和新期待。

第二节　农产品物流智慧化生态迭代过程模型

一、初期阶段

(一)"农民—中间商—产地批发市场—批发商—集贸市场—消费者"模式

这是最为常见的传统农产品物流模式之一,农民作为生产者,首先将农产品出售给中间商,中间商再将农产品集中至产地批发市场。在批发市场中,农产品被批发商购买,并进一步分销至集贸市场。最终,消费者在集贸市场购买农产品,完成整个流通过程。在这一模式中,中间商扮演着重要的角色,负责收集分散的农产品并进行初步整理,然后将它们运往批发市场。批发市场的存在为买卖双方提供了一个交易平台,批发商在这里可以批量采购农产品,随后分销至集贸市场。这种模式的优点在于能够汇集大量的农产品,便于大规模交易,但也存在信息不对称、流通环节多、物流成本高等问题。

(二)"农民—农民专业合作社/大型集团/超市基地—配送中心—超市—消费者"模式

在此模式中,农民将农产品出售给农民专业合作社、大型集团或超市基地。这些组织拥有自己的配送中心,负责将农产品从生产地运送至超市。消费者在超市购买农产品,实现了从生产到消费的直接连接,但中间经过了更为组织化的流通环节。这种模式通过农民专业合作社、大型集团或超市基地的介入,减少了中间环节,提高了流通效率。合作社或集团通常具备一定的规模优势,可以实现农产品的规模化生产和标准化管理,有助于提高农产品的质量和安全水平。配送中心则负责农产品的集中处理、检验和分发,确保农产品在到达超市之前保持最佳状态。超市作为最终的销售点,能够提供更加多样化的选择和更好的购物体验,满足消费者的需求。

(三)"农民—加工企业—超市—消费者"模式

在这种模式中,农民将农产品出售给加工企业。加工企业对农产品进行加工处理,增加其附加值,然后通过超市销售给消费者。这种模式强调了农产品加工的重要性,以及超市作为最终销售环节的角色。加工企业通过深加工,可以将农产品转化为附加值更高的产品,如罐头、果汁、干果等,不仅延长了农产品的保质期,还丰富了产品种类。加工过程还能解决部分农产品季节性强、不易保存的问题，拓宽了农产品的销售渠道。超市作为最终的销售平台，可以为消费者提供多样化的产品选择，同时通过严格的食品安全管理确保消费者购买到安全、健康的农产品。这种模式通过加工环节提高了农产品的价值，为农民带来了更高的收益，同时也为消费者提供了更多元化的产品选择。

二、智慧化转型阶段

（一）农产品物流的系统化

在传统农产品物流模式向智慧化转型的过程中，系统化特征日益显著。物流系统化是指将物流的各个环节（子系统）有机地结合起来，视为一个整体的大系统进行设计和管理。这一转型始于供应物流，经过生产物流，再进入销售物流，并涵盖了回收物流，通过统筹协调、合理规划，实现最佳的结构、最好的配合和合理的组织，从而充分发挥物流的综合效益及总体优势。物流系统化的核心与关键在于物流的整合，这也是实现物流系统化的根本途径。整合物流不仅有助于降低成本，更好地挖掘"第三利润源"，即物流领域的利润潜力，还能显著提高物流的效率，使物流资源得到更加合理的配置和利用。在智慧化转型的背景下，农产品物流的系统化整合更加注重信息技术的应用，如物联网、大数据、云计算等，以实现物流过程的可视化、智能化和自动化，进一步提升物流效率和准确性。

（二）农产品物流发展的信息化

从传统农产品物流模式到智慧化转型的过程中,信息化特征日益凸显,成为推动这一变革的核心力量。信息技术的迅猛发展,特别是计算机技术、电子数据交换技术和网络技术的广泛应用,对物流技术的发展产生了深远的影响。现代物流与传统物流的本质区别,恰恰体现在对信息化技术的应用程度上。物流信息化是一个多维度的概念,它涵盖了物流信息收集的数据库化和代码化、物流信息处理的计算机化和自动化、物流信息传递的标准化和实时化等多个方面。这些信息化手段的应用,使得物流过程更加高效、准确和可控。同时,物流信息存储的数字化、运输网络和营销网络的合理化、物流中心管理的电子化以及物品条码技术应用带来的产品数字化等,也进一步提升了物流业的整体运作水平。在农产品物流领域,信息化同样发挥着举足轻重的作用。通过信息化手段,可以实现农产品物流的全程可追溯,确保农产品的品质和安全性。同时,信息化还可以优化农产品物流的流程,提高物流效率,降低运营成本。因此,信息化不仅是物流业发展的助推器,也是现代物流最基本的特征,更是农产品物流发展的必然趋势和必要途径。

（三）农产品物流的网络化

农产品物流从传统模式向智慧化转型的过程中,信息化成为其核心特征。网络化作为信息化的进一步延伸,主要包含两个层面:组织网络化和计算机信息通信网络化。组织网络化涉及企业内部各部门以及企业间的网络联系,而互联网的出现为这一转型提供了有力支持。通过互联网，物流信息得以跨地区即时传递，使得信息流、商流和资金流的处理更加高效，促使物流行业发生了革命性变化，实现了物流的现代化。物流信息的即时传递使得系统能够提前规划最佳物流线路，指导实际物流过程，从而消除无效物流和冗余物流，缩短等待时间，提升物流效率。例如，通过互联网平台，生产商可以直接与零售商或消费者建立联系，减少了中间环节，提高了物流效率。同时，通过集成的物流管理系统，可以实时监控物流状态，确保货物能够按时到达目的地，减少了物流过程中的不确定性。

（四）农产品物流作业过程的自动化

传统农产品物流模式到智慧化转型过程中，呈现出作业过程自动化特征。自动化技术在物流中的运用，使物流业发生了巨大的革命，也使物流及其管理进入了现代化。农产品物流的自动化是以信息化为基础，利用各种自动化技术使得农产品在分类、配送、库存管理、计量等方面实现无人自动化控制，极大地提高了物流作业的能力，减少了物流作业的差错。自动化信息处理系统在物流系统中也得到了广泛的应用，如市场预测、订货管理、合同管理、库存控制、设计包装等，并通过物流系统网络化加速了物流一体化的进程。物流自动化设施的种类有很多，如自动分拣系统、自动存取系统、自动化立体仓库、自动定位系统、货物自动跟踪系统、条码/射频自动识别系统等。所有这些充分发挥了机电一体化的作用，大大提高了劳动生产率。

（五）农产品物流管理的智能化

传统农产品物流模式到智慧化转型过程中,呈现出智能化特征。物流智能化是物流自动化、信息化进一步发展的产物,是一种高层次的应用。在农产品物流作业中,存在着许多管理控制、分析决策、规划运筹等工作,诸如:物流设施的规划建设、运输路径的选择、库存水平的确定、有限资源的调配、物流配送中心经营管理的决策支持等都需要进行优化处理。物流的智能化技术正是用来协助管理者,甚至是由其自身独立来完成这些工作的。农产品物流的智能化必将进一步推动物流产业的发展,也成为现代物流管理的重要特征之一。

三、农产品物流智慧化生态迭代整合阶段

（一）多方协同

1. 角色定位与优势互补

在农产品物流智慧化生态中,各个参与主体扮演着不可或缺的角色,彼此间优势互补,共同推动着整个生态体系的繁荣发展。农产品生产企业作为供应链的起点,肩负着提供高质量农产品的重任。它们通过科学的种植和养殖技术,确保农产品的品质和产量,为后续的物流环节奠定坚实的基础。物流企业则在农产品物流智慧化生态中扮演着"桥梁"的角色。它们负责农产品的仓储、运输和配送,通过先进的物流技术和管理手段,实现农产品的高效、安全流通。在智慧化生态中,物流企业

还利用物联网、大数据等技术,对农产品进行实时跟踪和监控,确保其在流通过程中的质量和安全。而电商平台作为连接生产者和消费者的纽带,为农产品物流智慧化生态提供了广阔的交易和信息交流平台。通过电商平台,生产者可以直接将农产品销售给消费者,减少了中间环节,提高了流通效率。同时,电商平台还利用数据分析技术,为消费者提供个性化的农产品推荐,提升了消费体验。此外,金融机构则为农产品物流智慧化生态提供了必要的资金支持,通过提供贷款、保险等金融服务,帮助各参与主体解决资金问题,促进资金在生态体系中的顺畅流转。金融机构的参与,为农产品物流智慧化生态的持续发展注入了强大的动力。

2. 利益共享与合作机制

在农产品物流智慧化生态中,实现多方协同的关键在于建立利益共享的合作机制。这一机制要求各参与主体在追求自身利益的同时,也要考虑整个生态体系的利益,确保各方都能从合作中获得应有的收益。为了制定合理的利润分配规则,各参与主体需要充分协商,明确各自在生态体系中的角色和贡献,并据此确定利润分配的比例和方式。这样既能保证各方的利益得到保障,也能激发它们参与合作的积极性。除了利润分配规则外,建立有效的沟通和协调机制也是实现多方协同的重要一环。在合作过程中,难免会出现各种问题和冲突,这时就需要各方通过沟通和协调来寻求解决方案。通过建立定期的沟通会议、设立专门的协调机构等方式,可以有效地解决合作中的问题,保障生态体系的稳定运行。此外,随着市场环境的变化和生态体系的发展,利润分配规则和沟通协调机制也需要不断地进行调整和完善。只有这样,才能确保多方协同的持续性和有效性。通过建立利益共享的合作机制,农产品物流智慧化生态中的各参与主体可以形成紧密合作的伙伴关系,共同推动生态体系的繁荣发展。这种合作机制不仅有助于提升农产品的流通效率和质量安全水平,还能为消费者带来更加便捷、高效的购物体验。

(二)生态构建

1. 全链条覆盖与资源整合

在构建农产品物流智慧化生态的过程中,全链条覆盖和资源整合是至关重要的。从农田到餐桌的每一步都需要紧密衔接和高效运转。这一过程不仅需要将生产、加工、仓储、运输、销售等环节无缝对接,还需要通过整合各类资源,优化物流流程,提高物流效率,从而有效降低成本。例如,在生产环节,通过智能监测系统收集土壤湿度、温度、光照强度等数据,实现精准灌溉和施肥;在加工环节,则可以利用物联网技术实时监控加工设备的工作状态,确保食品加工的安全性和效率。此外,仓储环节通过使用智能温控系统,可以精确控制存储环境,保证农产品的新鲜度和品质。而在运输和销售环节,通过采用先进的 GPS 定位技术和区块链技术,不仅可以实时追踪产品的物流信息,还能确保产品信息的透明度和可追溯性,进一步提升消费者的信任度。

2. 流程优化与高效率运转

为了实现农产品物流的高效率运转,流程优化是关键所在。通过对物流流程进行科学分析和合理设计,可以有效简化不必要的环节,提高物流速度,降低物流损耗。比如,在运输过程中,通过大数据分析预测交通拥堵情况,选择最优路线,缩短运输时间;同时,采用智能分拣机器人和自动仓储系统,可以显著提高仓库的处理能力,减少人工操作带来的错误率。此外,建立统一的信息平台,使各个参与方能够共享实时数据,从而快速响应市场变化,避免信息不对称导致的延误和损失。这种高效率的物流体系不仅有助于提高农产品的流通效率,还能增强企业的市场竞争力,为消费者提供更加快捷、便捷的服务体验。

第三节 农产品物流智慧化生态迭代策略

一、强化农产品物流信息化建设

(一)加强农产品信息资源收集整理挖掘及发布,重视农产品信息网站建设、管理、营销及推广

商务网站建设完成以后,网站信息资源的准确性、及时性、有效性以及信息量丰裕度更加重要,应积极为信息资源开发利用创造有利的环境和条件,不断提高信息质量、扩大信息容量、提高应用系统的联网程度,提供有针对性的、可靠实用的政策信息和市场供求、价格波动信息,把农民、农村、农业需要的信息收集起来,发布出去,并及时更新,加强信息资源的管理,促进信息资源的综合高效利用。严格执行国家关于信息和网站

管理的有关规定,制定各项内部管理制度,对信息操作、采编人员开展经常性教育,提高日常工作中遵守各项制度的自觉性,杜绝人为信息事故,同时防止信息污染和信息误导。

(二)积极探索运营模式,解决农产品信息化投资难题

信息化建设可分为两类,一类是公益性的,另一类是开发性的。应积极寻求各方支持,采取由政府牵头、电信实施、多方参与的市场化运作,进一步探讨充分调动村委、农民、合作方等多方积极性的运营模式,逐步建立政府引导资金为辅、社会资金为主的投融资渠道,鼓励特许开发等方式开发和经营。建立以市场为导向、企业为主体的多层次、多渠道投资体系。地方相关部门要加大农业信息网络建设的投入力度,设立专项资金,为农产品信息化建设创造更好的条件。同时要制定优惠政策,多方筹集资金。尽快建立信息化引导基金和风险投资基金,鼓励个人、集体、企业和外商多方投资,共同推进信息化建设。此外还要充分发挥信息平台提供者的聚合优势,广泛联合涉农部门,整合分散的涉农信息资源,以统一、简便的方式提供给农民。

(三)加强农产品信息系统的扩充性开发

为了进一步提升农产品信息系统的功能和服务水平,需要加强其扩充性开发。具体而言,可以探索建立农产品和投入品的质量安全信息可追溯制度,为整顿规范市场秩序提供有力的信息支持。同时,还应健全完善农产品预警、市场监管和农村

市场科技信息服务三个应用系统,以实现对农产品市场的全面、动态监测和预警。在农产品市场预警系统方面,需要尽快实现对所有关系国计民生和重要、敏感农产品的生产、需求、价格、进出口贸易等的动态跟踪监测预警,为政府决策和企业经营提供科学依据。此外,还应加强农产品和生产资料市场监管信息建设,提高市场监管的效率和准确性,保障农产品市场的公平竞争和健康发展。

二、优化物流网络布局

(一) 重构城乡物流网络

1. 建立大数据物流信息平台

在农产品物流智慧化生态迭代的过程中,建立大数据物流信息平台是实现城乡物流资源共享和优化配置的关键步骤。该平台应集成数据采集、分析、处理和交换功能,为物流活动的各个环节提供实时、准确的信息支持。通过大数据技术的应用,可以实现对物流资源的精准调度和高效利用,降低物流成本,提高物流效率。为了建立这样一个平台,需要整合企业和社会各方的数据资源,打破信息孤岛,实现数据的互联互通。同时,还需要引入先进的数据分析技术,对海量物流数据进行深度挖掘,提取出有价值的信息,为物流决策提供科学依据。

2. 推动城乡物流一体化发展

农产品物流智慧化生态迭代还需要推动城乡物流一体化发展。这要求打破城乡物流的二元结构,实现城乡物流的无缝衔接。具体来说,应加强城乡物流基础设施的互联互通,提高城乡物流的通达性和便捷性。同时,还应推动城乡物流服务的均等化,让农民也能享受到与城市居民同等的物流服务。为了实现城乡物流一体化发展,还需要加强企业和社会各方的合作与协同。企业应积极创新物流服务模式,拓展农村物流市场;社会各方则应积极参与物流基础设施建设和服务提供,共同推动城乡物流的融合发展。

(二)布局智慧物流园区

1. 智慧物流园区的功能定位

智慧物流园区应具备多种功能,旨在打造集物流仓储、配送、信息服务、交易展示等功能于一体的综合性物流服务平台。物流仓储作为园区的基础功能,需配备现代化的仓储设施和管理服务,确保货物的安全存储和快速周转。配送功能则要求园区构建完善的配送网络,提供高效、准时的配送服务,满足不同客户的需求。信息服务功能则是指园区需要建立物流信息平台,实现物流信息的共享和交换,提供物流信息查询、交易撮合等增值服务,提高物流运作的透明度和可控性。交易展示功能则体现在为客户提供产品展示和交易平台,促进物流与商贸的深度融合,拓展业务范围,增加园区的附加值。

2. 智慧物流园区的建设策略

为了成功建设智慧物流园区,需要加强规划引导,科学合理地布局园区的空间结构和功能分区,确保园区各部分之间的协同作用最大化。同时,应积极引入先进技术和管理模式,提高园区的智能化水平和运营效率。例如,可以引入自动化仓储系统、智能分拣系统等先进技术设备,大幅提升仓储和配送的效率;利用物联网、大数据等信息技术,实现物流信息的实时采集、处理和分析,为决策提供数据支持。此外,还应加强园区与周边地区的交通联系和基础设施建设,确保园区内外的交通畅通无阻,提高园区的通达性和便捷性,便于货物的快速流通。通过这些策略的实施,智慧物流园区能够更好地服务于农产品物流行业,推动整个物流生态系统的智慧化转型。

三、人才培养与引进

(一)专业人才需求

农产品物流智慧化生态迭代对专业人才的需求日益迫切。随着信息技术的不断发展和应用,物流行业对人才的需求也在不断变化。在农产品物流智慧化生态迭代的过程中,需要既懂农业又懂信息管理的专业人才来推动行业的发展。这类专业人才需要具备扎实的农业知识和实践经验,了解农产品的特点和流通规律;而且,需要掌握信息管理的基本理论和方法,能够运用信息技术手段解决物流实际问题;并且,这类专业人才还需要具备良好的沟通能力和团队协作精神,能够与其他专业人员有效合作共同推动物流智慧化的发展。

(二)教育与培训体系

1. 农产品物流智慧化人才的培养

农产品物流智慧化人才的培养是一个系统工程,需要注重理论与实践的紧密结合。在课程设置上,应该涵盖物流管理、信息技术、数据分析等多个方面,为学生提供全面的知识体系。这样不仅可以帮助学生打下坚实的理论基础,还可以使他们更好地理解智慧化物流的实际运作和未来发展趋势。除了理论知识的传授,农产品物流智慧化人才的培养还需要注重实践能力的提升。实习、实训等方式,可以让学生亲身参与到农产品物流的实际操作中,可以使他们更好地将理论知识与实际应用相结合,提高他们的实践能力和解决问题的能力。同时,这种实践经验还可以帮助学生更好地适应未来的工作环境,提升他们的就业竞争力。在培养农产品物流智慧化人才的过程中,还需要注重创新思维的培养。鼓励学生参与科研项目、创新实践等活动,可以激发他们的创新意识和创新思维,为智慧化物流领域的发展注入新的活力。同时,这种创新思维的培养还可以帮助学生更好地应对未来工作中的挑战和变化。

2. 教育培训与产学研用的深度融合

为了实现教育与培训的实效性和针对性,加强与高校、科研机构等的合作与交流显得尤为重要。通过产学研用的深度融合,可以将最新的科研成果和技术应用到实际教学中,从而提高学生的创新能力和实践能力。这种深度融合不仅可以使教学内容更加贴近实际,还可以为学生提供更多的实践机会和就业渠道。在产学研用的深度融合过程中,高校和科研机构可以发挥其在科研和人才培养方面的优势,为企业提供技术支持和人才培养服务。同时,企业也可以将自身的实际需求和最新技术引入教学和科研中,推动教学内容和方法的不断创新。这种双向的互动和合作可以实现资源共享和优势互补,为智慧化物流领域的发展提供更强有力的人才支撑。此外,邀请行业内的专家和学者进行授课和指导也是实现教育与培训实效性的重要途径。这些专家和学者不仅具有深厚的理论功底,还拥有丰富的实践经验,授课和指导可以为学生提供更多的行业前沿知识和实践经验,帮助学生更好地了解行业发展趋势和未来职业发展方向。同时,这种与行业内专家和学者的交流还可以拓宽学生的视野和思路,提升学生的综合素质和竞争力。

四、推动标准化与品牌建设

(一)制定物流标准

1. 包装标准化的实施

包装作为农产品物流的第一步,其标准化实施对于整个物流过程的影响至关重要。为了实现包装标准化,需要制定统一的包装规格、材料和标识要求。这样的标准化包装不仅可以减少包装材料的浪费,降低包装成本,还有助于提升农产品的品牌形象和市场竞争力。标准化的包装还有利于农产品的仓储和运输。统一的包装规格和材料使得农产品在仓储时更加易于堆放和管理,减少了破损和损耗的风险。而在运输过程中,标准化的包装也能更好地保护农产品,避免其在运输途中受到损伤或污染。

2. 运输与仓储标准化的推进

在农产品物流中,运输与仓储是两个至关重要的环节。为了保障农产品的质量和安全,需要在这两个环节推进标准化。在运输方面,制定统一的运输标准和规范是必不可少的。这包括运输方式、运输时间、运输温度等方面的要求,以确保农产品在运输过程中保持最佳状态。而在仓储方面,建立标准化的仓储设施和管理制度同样重要。标准化的仓储设施可以提供适宜的温度、湿度等环境条件,确保农产品在存储过程中不会变质或损坏。同时,标准化的管理制度也能确保仓储操作的规范性,减少人为因素导致的农产品损耗。通过运输与仓储标准化的推进,可以为农产品物流提供更加有力的保障,让消费者享受到更加优质、安全的农产品。

(二)加强品牌建设

1. 提升农产品物流服务的知名度

为了提升农产品物流服务的知名度,企业需要制定并实施一系列综合性的营销策略。这包括利用传统媒体如电视、广播和报纸,以及新兴的数字平台如社交媒体、网络视频和博客等多种渠道来进行品牌推广。精心设计的广告和宣传活动,可以在潜在消费者心中留下深刻印象,进而提高品牌的认知度。除此之外,参与行业内的专业展览和会议,以及组织线上线下的促销活动,都是与消费者直接沟通的有效方式。这些互动不仅能够增加品牌的曝光率,还能帮助企业收集宝贵的反馈信息,以便更好地调整策略和服务内容。此外,与意见领袖或行业专家合作,开展联合营销活动,也是一种能够快速扩大品牌影响力的途径。

2. 增强农产品物流服务的美誉度

增强农产品物流服务的美誉度是品牌建设不可或缺的一环。这要求企业在保证基础服务质量的同时，不断创新服务模式，以满足消费者的多元化需求。例如，提供灵活便捷的配送选项、采用环保材料进行产品包装等措施都能显著提升用户体验。与此同时，建立一套高效且反应迅速的客户服务系统对于维护良好的品牌形象至关重要。当消费者遇到任何问题时，能够迅速得到满意的解决方案将极大地提高其满意度和忠诚度。此外，通过定期征求客户的反馈意见，并据此改进服务流程和技术支持，也能有效增强品牌的正面形象。企业还可以考虑引入会员制度或积分奖励计划，以此激励消费者的重复购买行为，进一步巩固其市场地位。通过这些举措，企业不仅能够在竞争激烈的市场环境中保持领先地位，还能建立起与消费者之间长期稳定的合作关系。

第四章　农产品物流智慧化生态技术创新

第一节　大数据与云计算技术在农产品物流中的应用

一、农产品物流大数据平台构建

(一)构建基础

在平台构建前期,通过对农产品物流供应链整体数据来源及关联领域进行研究,从梳理产生的相关数据源头入手,建立总体数据框架。明确数据分类、数据分布、数据定义、数据来源;根据各物流节点业务协同需要,提出数据交换与共享机制和构建数据资源共享服务体系的总体要求、数据资源规划与管理总体要求。明确数据分布原则、数据标准及数据质量控制机制,对数据访问和交换的服务模型进行标准化定义与描述,厘清标准和数据架构的关系,形成农产品物流数据资源内容体系,明确不同层级数据中心间的物理和逻辑关系,明确数据的更新、维护关系,提出数据管理需要的管理组织和岗位建设指导意见;同时加快数据资源集聚能力和管理能力建设,建设农产品物流统一的大数据平台,集聚全国政务、公共服务等领域的数据资源;拓展数据来源渠道和范围,支持和鼓励农产品供应链相关的企业、行业协会、高等院校、科研机构等单位提升数据采集能力,参与数据资源库建设。

(二)构建设计

1. 农产品物流大数据平台的建设核心

农产品物流大数据平台的建设在现有信息化技术基础上,根据可能的资源,采用虚拟协议模式采集基础数据,建立基本数据资源库。平台将根据客户所需签订数据应用协议,对海量数据进行分析,挖掘有价值的数据,进一步反馈应用于农产品物流及整个供应链。这将有助于解决物流中的数据缺失、数据"过剩"、数据孤岛、数据"沉睡"等瓶颈问题,提高农产品物流效率和提升农产品质量,这也是农产品物流大数据战略的核心所在。为确保系统的应用性与可持续发展,平台建设将遵循统一规划、先进性与安全性、标准性、开放性等原则,统筹规划和统一设计系统结构,采用成熟且具有国内先进水平并符合国际发展趋势的技术、软件产品和设备,同时充分考虑系统的安全和可靠,保证技术的稳定性、安全性。

2. 农产品物流大数据平台的设计要求

在农产品物流大数据平台的技术方案设计中,需要从农产品生产与物流全局出发,统筹规划和统一设计系统结构,包括应用系统建设结构、数据模型结构、数据存储结构及系统扩展规划等内容,以确保系统的整体性和协调性。并且,系统构成必须采用成熟且具有国内先进水平并符合国际发展趋势的技术、软件产品和设备,同时注重系统的安全和可靠,保证技术的稳定性、安全性。此外,在设计过程中遵循国际标准、国家标准、行业标准和相关规范,以保证系统的兼容性和扩展能力。并且,信息系统设计要考虑到业务未来发展的需要,降低各功能模块耦合度并充分考虑兼容性,以适应多种主流主机平台、数据库平台、中间件平台,具有较强的跨系统平台的能力。

(三)构建框架

1. 数据编码与对接的标准化

数据编码与对接的标准化是实现农产品物流数据中心高效运作的关键所在。为了确保数据的有效性、合理性、一致性和可用性,在全国范围内统一设立交换资源库,这是实现数据标准化的第一步。在此基础上,需要进行扩展并制定统一的交换资源库结构标准。这意味着所有参与数据交换的实体都需要遵守相同的标准和规则,以确保数据的兼容性和互操作性。此外,还需要统一数据交换接口、协议、流程和规范,确保数据通道的顺畅,从而实现无缝的数据流动。对于各类数据中心建设中需要采集和交换的数据,它们也需要遵循相关的数据标准和规范进行组织和使用,以避免产生新的数据信息孤岛。

2. 数据质量

农产品物流数据中心的数据质量对其性能至关重要,数据质量的高低直接影响到决策的准确性、系统的可靠性和用户对服务的信心。为了保证数据的高质量,在数据采集和交换的过程中需要尽量减少现有业务系统中数据的不规范、不准确、不完整等问题。这意味着需要建立严格的数据质量管理机制，包括但不限于数据清洗、数据验证和数据审核等过程。通过这些机制，可以确保输入数据中心的数据是准确无误的，从而提高数据分析和决策支持的质量。此外，还可以利用现代技术手段，如机器学习算法，来自动检测和修正数据错误，进一步提升数据质量。

3. 不影响应用系统

在进行数据采集和交换时，需要特别注意不要影响现有的应用系统。数据中心执行数据采集交换的源头系统通常是生产系统，对行业管理发挥着重要的作用。因此，在进行数据采集、交换和共享的过程中，必须确保不会破坏或干扰现有系统的正常运行。为了达到这一目的，可以采取一些技术措施，比如利用增量数据采集方法，只采集新增或修改的数据，减少对生产系统的访问频率。此外，为了避免给生产系统带来过多负担，在利用大数据技术进行数据采集与交换时，应尽量遵循一次录入多次复用的原则，即数据只需要在一个地方录入，然后就可以在多个地方使用，从而减轻生产系统的压力。

二、大数据平台建设的应用

（一）在整个供应链层面

1. 农产品物流管理过程更加优化

随着科技的进步，农产品供应链的管理方式已从传统的分段模式转变为整个供应链模式,通过物联网技术的应用,实现了物与物之间的直接"沟通"。这种方式极大地减少了对人工的依赖,使得供应链管理过程得到了显著优化。在这一模式下,物流管理系统能够实时跟踪、监控和管理农产品的每一个环节,确保从生产到消费的全过程透明可控。此外,农产品生产与物流的"纵向一体化"运作模式与"横向一体化"相融合,围绕一个核心物流企业,形成上下游企业的战略联盟,确保商流、物流、信息流、资金流的一体化运作。这种模式不仅提高了物流效率,还增强了供应链的灵活性和响应能力,使供应链更加紧密地配合市场需求的变化。

2. 农产品物流大数据信息同步化,数据实时联通减少信息"孤岛"

信息同步化是农产品物流供应链管理中的重要目标之一,通过大数据技术的应用,可以实现在整个供应链中信息的实时同步,确保供应链上的所有参与者都能够及时跟进顾客需求的变化,形成同步运作。大数据技术通过对农产品供应链中流动的产品进行全程跟踪,并向所有参与者实时传送数据,有效减少了信息失真现象,控制了供应链管理中的"牛鞭效应"。这样一来,供应链上的每个环节都能够更加准确地预测和响应市场变化,降低了库存成本,提高了整体效率。此外,数据的实时联通也有助于打破信息"孤岛",促进供应链各方之间的信息共享,为供应链的整体优化提供了坚实的基础。

3. 领先的数据处理技术助力企业发挥大数据价值

在大数据时代,海量数据的分析和处理成为企业面临的重大挑战。传统的数据处理方法往往需要消耗大量的人力资源，但结果却不尽如人意。而基于大数据技术的平台能够将全部业务数据纳入统一的设计框架之中，制定数据采集、数据储存、数据传输等统一标准，并采用直通式的方法来尽早检查数据输入的错误。这种数据处理技术的特点在于其强大的大数据分析功能，不仅易于使用，而且处理速度快、精度高。用户无须担心数据的不必要错误及其形式和语义的不一致，极大地节省了企业的人力成本，提升了服务质量。通过这些领先的技术手段，企业能够更加高效地利用大数据资源，为决策提供有力支持，推动农产品物流行业向着更高层次发展。

（二）在服务层面

1. 农产品质量追溯服务

农产品安全问题往往发生在种植、加工或流通环节。通过大数据技术的应用，可以实现从耕地、播种、施肥、杀虫、收割、存储、育种到销售的全程覆盖。这种全程覆盖意味着每一环节的数据都被记录下来，从而可以追溯到农产品的源头，确保其质量。随着大数据平台的逐步完善和规模化，订单农业的概念也将得以实现。互联网企业可以利用自身在资源、人才和知识方面的优势，为农户提供技术支持和生产服务，从而从根本上提高农产品的安全性。此外，大数据技术的应用也有助于平台贯通上下游供应链，确保消费者可以追溯到农产品的种植时间、采摘地、采摘时间、发货时间等具体信息。这样的追溯体系不仅能够增强消费者信心，还能有效解决农产品供求信息不对称的问题。

2. 农产品生产服务

农户可以利用手机 APP 等移动互联网终端,通过大数据技术获取有关农业生产、市场价格等信息。这意味着农民在田间工作时,就可以通过移动终端实时了解土壤状况、天气预报等关键数据。这些应用程序还能向农民提供未来农产品的价格预测,并推荐最适合当前田地条件的种子、肥料等信息。农民甚至可以通过电子商务平台在线购买所需的生产资料,并享受到快速配送服务,这一切都极大地方便了农业生产活动。这种方式,不仅提高了农业生产效率,还降低了成本,为农民创造了更多的经济收益。

3. 农产品物流服务

通过构建大数据平台,可以显著提高物流效率,减少运输过程中的空载率,进而降低物流成本。大数据平台使得企业对于物流承运商的整体状况得以实时掌握,有助于及时查询和跟踪货物状态,快速响应异常情况,保障货物安全。此外,通过诚信核查机制,可以降低失信行为导致的损失。物流企业在日常运营中可以利用与货源、运力相关的数据指数分析,优化管理流程,提高客户服务水平。通过大数据技术,企业可以根据实际仓储情况灵活安排生产计划,减少库存积压,节省仓储物流成本,提高资金使用效率。最后,通过对行业指标的统计分析,企业可以更好地指导物流生产,提升竞争力,塑造出"时效最快""成本最低""最安全""服务最好"的物流品牌形象。

第二节　人工智能与机器学习在农产品物流中的应用

一、人工智能在农产品物流中的应用

（一）物流路径优化

1. 智能路径规划

在当今快速发展的物流行业中，智能路径规划已成为提升运输效率、降低成本的关键技术。借助人工智能算法，物流公司能够实时计算并确定最佳的运输路线，有效避开交通拥堵和各类障碍，从而显著缩短运输时间，减少能源消耗，进一步降低运输成本。智能路径规划的核心在于其强大的数据处理与分析能力。通过收集并分析海量的交通数据、路况信息以及历史运输数据，人工智能算法能够精准预测不同路段的拥堵情况，为每辆运输车辆规划出最优的行驶路线。这不仅意味着运输时间的缩短，还意味着能源消耗的大幅降低，因为车辆无须在拥堵的路段频繁启停，从而减少了不必要的燃油消耗。同时，智能路径规划还具备高度的灵活性和适应性。它能够根据实时交通信息的变化，迅速调整运输路线，确保农产品在运输过程中始终沿着最快、最安全的路径前进。这种动态调整的能力，不仅提升了物流公司的响应速度，还进一步增强了运输过程的可靠性和稳定性。

2. 动态调度

在农产品物流领域,动态调度是一项至关重要的技术,它确保了农产品能够及时、准确地送达目的地。而人工智能技术的引入,为动态调度带来了前所未有的智能化和高效性。借助人工智能技术,物流公司能够实时获取并分析交通信息、车辆状态以及订单数据,从而动态调整运输任务。当某个路段出现拥堵或某辆车发生故障时,系统能够立即感知并做出响应,重新优化配送计划,确保农产品不受影响地按时送达。而且,动态调度的智能化还体现在其对多种因素的综合考虑上。除了交通信息和车辆状态外,系统还会考虑农产品的保鲜期、客户的紧急程度以及配送点的地理位置等因素,从而制订出最优的配送方案。这种全面而细致的考虑,不仅提升了配送的准时率,还进一步增强了客户对物流公司的信任和满意度。

(二) 自动化仓储与分拣

1. 自动化仓库

在农产品物流领域,自动化仓库的应用正逐渐成为行业趋势。借助 AI 驱动的机器人和自动化设备,仓库实现了货物的自动拣选、搬运和分类,大幅提高了仓储效率,同时减少了农产品物流的人力成本。自动化仓库的核心在于其高度的智能化和自动化水平。通过先进的传感器、机器视觉以及机器学习等技术,机器人能够准确地识别并拣选货物,无须人工干预即可完成复杂的仓储作业。这种高效的作业方式不仅提升了仓库的吞吐量,还显著降低了错误率和破损率。同时,自动化仓库还具备高度的灵活性和可扩展性。当仓库的货物种类或数量发生变化时，系统能够迅速调整机器人的作业流程和参数，确保仓储作业的顺利进行。这种灵活的应对能力不仅提升了仓库的运营效率，还进一步增强了其对不同农产品物流需求的适应能力。

2. 智能分拣系统

在农产品物流领域，智能分拣系统正逐渐成为提升分拣效率和准确性的关键工具。这一系统基于图像识别和机器学习等先进的人工智能技术，能够自动识别农产品的种类、大小、重量等信息，实现快速、准确的分拣。智能分拣系统的核心优势在于其高度智能化的识别能力。通过图像识别技术，系统能够准确识别农产品的外观特征，如颜色、形状、纹理等，从而判断其种类和品质。同时，机器学习算法的运用使得系统能够不断学习和优化其识别策略，提高识别的准确性和效率。而且，在农产品物流场景中，智能分拣系统的应用尤为广泛。系统可以实时采集农产品的图像信息，并与其内置的数据库进行比对，快速确定农产品的种类和分拣要求。随后，系统会根据预设的分拣规则，如大小、重量等，对农产品进行自动分拣和打包。这种高效、准确的分拣方式不仅提高了分拣效率，还大大降低了人为错误和损耗。并且，智能分拣系统还具备高度的灵活性和可扩展性。系统可以根据不同的农产品特性和分拣要求进行调整和优化，确保分拣的准确性和效率。

(三)智能算法重组物流运作流程

1. 智能算法在物流库存管理中的应用

智能算法作为人工智能技术的核心,其在物流库存管理中的应用显著提升了物流信息化水平,推动了整个物流流程的自动化与智能化进程。智能算法通过缩短物流操作人员等待时间、提高响应速度,实现了物流相关功能的有效分离,进而提升了物流运作的整体效率。在库存管理环节,智能算法能够精准地确定库存水平,减少人为因素的干预,使得库存控制更为精确,有效降低了企业成本,提升了企业的利润空间。此外,智能算法还能优化货物运输路线选择,指导自动导向车的运行轨迹和作业控制,以及自动分拣机的运行,全面提升了物流作业的智能化水平。

2. 智能终端与物流信息化打破"孤岛",实现信息共享

传统物流企业信息化往往面临信息内部化和"孤岛问题",而智能终端等互联网基础设施的投入,为企业提供了直接接入互联网的桥梁,促进了信息的广泛流动与共享。这一转变不仅降低了信息处理成本,还实现了更广范围的信息分享和使用。以无人仓为例,仓库控制系统(WCS)和仓库管理系统(WMS)的协同工作,展现了智能系统在物流信息化中的核心作用。WMS负责协调存储、调拨货物、拣选、包装等各个业务环节,动态调整业务波次和执行顺序,确保仓库高效运行;而WCS则负责接收WMS的指令,调度仓库设备完成业务动作,支持仓库设备的高效运行和状态监控。

3. 智慧大脑是物流自动化设备的指挥中心与决策中心

支撑 WMS 和 WCS 进行决策，让自动化设备有条不紊地运转的背后，是智慧大脑的强大支持。智慧大脑运用人工智能、运筹学等相关技术，实现了作业流、数据流和控制流的协同。它既是数据中心，负责收集和处理海量物流数据；也是监控中心，实时监控物流设备的运行状态；更是决策中心和控制中心，从整体上对全局进行调配和统筹安排，最大化设备的运行效率，充分发挥设备的集群效应。智慧大脑的存在，使得物流自动化设备能够精准执行指令，优化作业流程，进一步提升了物流运作的智能化和自动化水平。

二、机器学习在农产品物流中的具体应用

（一）需求预测与决策支持

1. 农产品需求预测

在农产品物流领域中，运用机器学习技术分析历史销售数据、季节性趋势、天气变化及消费者行为等多元信息，能够构建出精准的预测模型。这些模型不仅能够预测短期内的农产品需求量，还能对长期市场趋势进行预判，为物流企业提供前瞻性的决策支持。例如，采用时间序列分析或随机森林算法，并结合历史销售数据，可以准确预测未来一周乃至一个月内某种特定农产品的需求量，从而帮助企业在供应链管理方面做出更合理的库存与物流计划。此外，随着数据积累和算法迭代，预测精度将持续提升，进一步增强企业的响应能力和竞争力。

2. 运输路径与资源调度优化

农产品物流涉及复杂的运输网络和多变的运输条件。通过机器学习技术构建的运输路径优化模型,能够自动分析实时交通状况、道路状况、天气变化等多种因素,为物流企业规划出最优的运输路径。这一优化不仅能够有效缩短运输时间,还能显著降低运输成本。与此同时,结合智能调度系统,机器学习还能实现运输资源的高效配置,包括车辆、驾驶员和仓储空间等重要资源,确保物流运作的顺畅性和经济性。例如,利用动态规划或强化学习算法,系统可以根据实时数据自动调整运输计划,优化车辆调度,有效减少空驶率和等待时间,提高整体物流效率和服务水平。

(二)严格控制农产品质量安全

1. 农产品质量检测

农产品的质量是物流过程中的关键环节。传统的手动检测方法不仅效率低下,而且容易出错。而借助于机器学习技术,通过图像识别、光谱分析等先进手段,可以实现对农产品外观、大小、成熟度、新鲜度以及内部品质等指标的快速、准确检测。例如,利用卷积神经网络(CNN)对农产品图像进行特征提取和分类识别,能够自动辨认出农产品的种类和品质等级;通过近红外光谱分析技术,则可以实现无损检测农产品的内部成分和品质特性。这些技术的应用极大地提升了农产品质量检测的速度和准确性,确保了从源头到终端的全程品质安全。随着技术的进步,农产品检测将更加智能化,进一步推动农产品物流行业的可持续发展。

2. 食品安全全程跟踪

在农产品物流的漫长链条中，食品安全始终是悬在头顶的一把利剑。而机器学习技术结合区块链等先进技术，共同构建了从农田到餐桌的全链条食品安全追溯系统，成为食品安全的守护神。这一系统能够全面记录农产品的种植、加工、运输、销售等各个环节的信息，并利用机器学习算法对这些数据进行深度挖掘和分析。如果发生食品安全问题，系统能够迅速定位问题源头，采取有效措施防止问题扩散。这种追溯系统不仅提高了食品安全的保障水平，还极大增强了消费者对农产品的信任度和满意度。它让消费者能够清晰地了解到农产品的全生命周期信息，真正实现了从农田到餐桌的全程可追溯。

（三）农产品仓储管理

1. 智能仓储系统

智能仓储系统，作为农产品物流的坚强后盾，正以其卓越的性能和先进的技术引领着行业的变革。它深度融合了机器学习、物联网、传感器等尖端科技，实现了对仓库内环境参数的全面、实时监测和精准调节。无论是温度、湿度还是光照，智能仓储系统都能确保它们处于最适宜的状态，为农产品的存储提供了最佳的环境保障。而机器学习算法的应用，更是让智能仓储系统的威力得到了充分的释放。它能够对仓库内的农产品库存进行智能管理，自动完成库存盘点、预警补货等烦琐工作。通过构建基于深度学习的库存预测模型，系统能够精准地预测未来一段时间内的库存需求变化,从而帮助企业提前安排补货计划,有效避免缺货或积压库存的情况发生。

2. 库存优化与成本控制

在农产品物流的广阔舞台上,机器学习技术以其独特的魅力照亮了库存优化与成本控制的新篇章。它通过构建库存优化模型,帮助企业降低库存成本、提高资金周转率,实现了经济效益的显著提升。这些模型能够综合考虑市场需求预测、库存周转率、订单处理时间等多个因素,自动调整库存水平,确保在满足市场需求的同时,将库存成本降至最低。此外,机器学习技术还以其敏锐的洞察力,发现了潜在的库存浪费问题。它通过分析历史销售数据和库存变化规律,提出了诸如优化包装规格、调整采购策略等改进措施,进一步降低了库存成本,提高了经济效益。

第三节 区块链技术在农产品物流中的应用

一、区块链技术在运输领域的应用

(一)海运和跨境运输

1. 简化流程,加速货物流通

传统海运和跨境运输中,单证的流转是一个复杂且耗时的过程。纸质单证的传递不仅效率低下,还容易出现丢失、损毁或欺诈等问题。区块链技术的分布式账本特性,为单证数字化提供了理想的解决方案。通过区块链,单证可以被签发和流转在数字网络中,无须纸质媒介,从而大大简化了货物运输过程中的单据流。例如,美国埃森哲公司主导的货运和物流联盟,利用区块链技术,将单据证书数字化,并通过区块链网络进行签发和流转。这一创新不仅加快了货物的流通速度,也促进了货物流通的安全性。在这一过程中,所有参与者都能够实时查看和验证单据状态,确保信息的透明性和准确性。

2. 提高可追溯性,减少事故风险

在海运和跨境运输中,货物的全程监控是一个关键环节。区块链技术的时间戳特性,为数据的交换和可见性提供了强有力的保障。英国与丹麦合作建立的海运区块链实验室,充分利用了这一特性。人们通过区块链技术,在线跟踪、审核及处理危险货物,确保了货物从起运到目的港的全过程可追溯性。这一创新应用不仅提高了货物的安全性,还有效减少了事故的发生。利用区块链的时间戳记录,每个参与方都能清晰地了解货物的状态和位置,这对于及时发现并解决潜在问题至关重要。

(二)“最后一公里”配送

1. 保障配送的准确性与时效性

“最后一公里”配送的核心要求是准确性和时效性。区块链技术通过其独特的分布式账本和时间戳特性,为配送过程提供了强有力的保障。以沃尔玛为例,利用区块链技术,与投递箱建立了相关联的区块链标识符和密钥。当无人机接近投递箱时,区块链技术会对无人机进行身份验证,并自动解锁投递

箱以接收包裹。这一过程不仅确保了配送的准确性,还大大提高了时效性。通过使用区块链技术,每一步配送操作都被记录下来,形成了一个不可篡改的交易历史,保证了每一笔交易的真实性和有效性。此外,这种基于区块链的身份验证机制能够防止未经授权的访问,确保只有正确的无人机才能完成配送任务。

2. 维护客户隐私信息

在"最后一公里"配送中,客户的隐私信息保护是一个重要问题。区块链技术的密钥技术为这一问题提供了有效的解决方案。通过加密客户信息,区块链技术确保了数据的安全性和客户的隐私权。在沃尔玛的案例中,区块链密钥技术与无人机技术相结合,不仅实现了配送的准确性和时效性,还充分保障了客户的信息安全。通过使用公私钥对来加密和解密数据,确保了只有授权用户才能访问敏感信息。这种方式有效地防止了数据泄露的风险,为客户提供了一种安全可靠的配送体验。

3. 优化配送网络与管理

区块链技术可以通过智能合约和分布式账本特性,优化配送网络和管理过程。例如,可以利用区块链技术建立配送员与客户之间的信任机制,确保配送过程的透明度和可追溯性。同时,区块链技术还可以帮助物流公司实时监控配送员的位置和状态,以便更好地管理配送网络和提高运营效率。通过使用智能合约,可以自动执行配送相关的条款和条件,一旦满足预设条件,就会触发相应的动作,如支付费用或者更新配送状态。

这种方式消除了中间人的需要，降低了管理成本，同时也提高了整个系统的透明度和效率。此外，区块链的分布式特性使得所有的配送记录都存储在网络上的多个节点上，这不仅增强了数据的完整性，还为物流公司提供了宝贵的分析工具，用于优化路线规划、预测需求和提高服务质量。

二、在物流服务质量管理上的应用

（一）区块链技术提升农产品物流服务的透明度

1. 实现全链条信息可追溯

区块链技术通过其分布式账本的特性，能够将农产品从生产、加工、运输到销售的每一个环节的信息都记录下来。这些信息包括生产地、生产时间、加工过程、运输路线、存储条件等，形成了农产品的全生命周期档案。消费者和监管机构可以通过区块链平台，轻松查询到农产品的所有历史信息，实现了真正的全链条可追溯。通过这种透明化的信息记录方式，消费者可以清楚地了解到所购买农产品的完整历程，从而增强对产品的信任感。此外，对于监管机构而言，这样的透明度有助于提高监管效率，确保食品安全。区块链技术不仅为农产品提供了独一无二的数字身份，还为整个供应链提供了可靠的数据支持，确保了信息的真实性与完整性。例如，当发生食品安全事件时，通过区块链技术可以迅速定位问题来源，采取针对性措施，有效减少负面影响。

2. 提升供应链各环节的协同效率

区块链技术的透明性特点还有助于提升供应链各环节的

协同效率。所有参与方都可以实时查看和验证交易状态和信息,减少了信息不对称和沟通成本,提高了供应链的响应速度和整体效率。同时,这种透明度也有助于建立更加紧密的合作关系,促进供应链各环节的共同发展和进步。通过区块链技术,供应链中的各方能够共享数据,协同作业,有效避免了传统供应链中存在的延迟和不确定性问题。

(二)区块链技术强化农产品物流服务的监管

1. 实时监控与异常预警

区块链技术可以与物联网技术相结合,实现对农产品物流的实时监控。可通过在运输车辆、仓储设施等关键节点部署传感器和智能设备,实时采集温度、湿度、位置等关键环境参数,并将这些数据上传到区块链平台。一旦检测到异常情况,如温度超标、湿度过大等,系统可以自动触发预警机制,及时通知相关人员进行处理,有效降低了货物损失风险。这种集成化的监测系统不仅提高了物流过程的透明度,还确保了货物在运输过程中的安全性和完整性。通过区块链技术的不可篡改特性,所有监测数据都将被记录下来,为后续的审计和质量控制提供可靠的数据支持。此外,实时监控还能够帮助物流公司优化运输路线和时间,减少不必要的延误和损耗,从而降低成本并提高整体运营效率。

2. 建立信用评价体系

区块链技术还可以建立农产品物流的信用评价体系。可通过记录各参与方的交易历史和行为数据,如交货准时率、货物破损率等,形成信用评分。这种信用评分可以作为监管机构进行市场监管的重要依据,也可以作为消费者选择物流服务提供商的参考。同时,信用良好的企业可以获得更多的商业机会和资源支持,形成良性循环。通过区块链技术创建的信用评价体系,能够有效促进供应链各方的行为规范化,提高整个物流行业的服务水平和竞争力。

3. 优化监管流程和降低监管成本

传统的农产品物流监管方式往往依赖于大量的纸质文档和人工审核,效率低下且成本高昂。而区块链技术可以实现监管流程的数字化和自动化,大大提高了监管效率。监管机构可以通过区块链平台实时查看和验证交易信息,无须再进行烦琐的文档审核和现场检查。同时,由于区块链技术的不可篡改性,也大大降低了数据造假和欺诈的风险。这种基于区块链的监管模式不仅减轻了监管机构的工作负担,还提高了监管工作的准确性和公正性。通过区块链技术实现的数字化监管,可以有效促进监管机构与市场参与者之间的信息共享,为农产品物流行业创造一个更加公平、透明和高效的市场环境。

第五章　农产品物流智慧化生态案例分析

第一节　浙江省农产品物流智慧化生态案例分析

一、浦江葡萄智慧物流中心

(一)案例介绍

浙江省在农产品物流智慧化生态的建设上,以浦江县葡萄产业为例,展现了一幅生动的现代农业物流发展画卷。浦江县作为浙江省的葡萄种植大县,面对葡萄皮薄易破、保鲜难、运输成本高等传统难题,通过政府引导、多方联动与技术创新,成功构建了葡萄智慧物流体系,不仅大幅提升了物流效率,还促进了农民增收与产业升级。浦江县葡萄种植面积广阔,专业合作社、家庭农场及种植户数量众多,形成了庞大的产业基础。而传统的物流模式难以满足葡萄产业快速发展的需求。为此,浦江邮政管理局携手农业农村局、葡萄专业合作社及种植户代表,共同组建葡萄共富联盟,深入调研葡萄产、运、储、销全链条管理存在的问题,并依托智慧化手段寻求解决方案。智慧物流中心的建设是浦江葡萄产业转型升级的关键一步。该中心集冷冻、保鲜、分拣、包装于一体,通过配备先进的冷链设备和智慧化管理系统,实现了葡萄从采摘到送达消费者手中的全程可追溯管理。农户只需将葡萄信息上传至系统,即可享受从订单处理、冷链运输到终端配送的一站式服务。这种集中管理与智慧化运作的模式,不仅降低了运输成本与损耗率,还显著提升了葡萄的新鲜度与品质保障能力。在运营过程中,浦江葡萄智慧物流中心充分发挥了资源整合与优化配置的优势。中心通过合理布局揽收点与运输线路,确保了葡萄能够快速、安全地集散至物流中心。同时,中心还积极引入电商平台与直播带货等新兴销售模式,拓宽了销售渠道与市场覆盖面。消费者可以通过线上平台轻松购买到新鲜优质的浦江葡萄,而农户则能够享受更广阔的市场空间与更高的销售价格。

(二)案例分析

浦江县作为葡萄种植大县,面对保鲜难、运输成本高等传统难题,通过政府引导、多方联动与技术创新,成功构建了葡萄智慧物流体系。该体系集冷冻、保鲜、分拣、包装于一体,实现了葡萄全程可追溯管理,降低了运输成本与损耗率,提升了葡萄的新鲜度与品质。同时,智慧物流中心还促进了线上线下融合发展,拓宽了销售渠道,提高了农户收入,为当地经济注入了新活力。

二、浙江省安吉县白茶产业智慧物流转型,赋能农业现代化

(一)案例介绍

安吉,这片被誉为"中国白茶之乡"的土地,依托其得天独厚的自然环境和悠久的种植历史,白茶产业蓬勃发展。而随着市场规模的扩大和消费者需求的多元化,传统的物流模式逐渐暴露出效率低下、损耗严重等问题,严重制约了安吉白茶产业的进一步发展。对此,安吉县积极响应国家乡村振兴战略,携手农业部门、白茶专业合作社及种植户,共同推进白茶产业物流智慧化转型。通过深入分析白茶产、运、储、销全链条管理中的痛点与难点,安吉县制订了一套系统的智慧物流解决方案。该方案以物联网、大数据、云计算等现代信息技术为支撑,旨在打造一个高效、智能、可追溯的白茶物流生态系统。安吉白茶智慧物流体系的核心在于建设集智能化仓储、自动化分拣、冷链运输于一体的综合物流中心。该中心采用先进的物联网技术,实现了对白茶库存状态的实时监控与智能调度,确保茶叶在最佳温湿度条件下储存。同时,中心引入自动化分拣系统,大幅提高了分拣效率与准确性,减少了人为错误导致的损耗。在运输环节,安吉县积极推广冷链运输技术,确保白茶在长途运输过程中依然保持新鲜口感与高品质。除了硬件设施的升级,安吉白茶智慧物流体系还注重软件系统的建设。其通过建立白茶产业大数据平台,整合种植、加工、销售等各环节数据资源,为企业经营和农户生产提供科学依据。农户只需通过手机

APP或电脑端即可实时查看茶叶生长情况、市场行情及物流动态,实现精准管理与科学决策。而且,安吉白茶智慧物流体系的成功实施,不仅大幅提升了物流效率与服务质量,还有效降低了运输成本与损耗率。据统计,实施智慧物流后,使得安吉白茶的运输时间缩短了近30%,损耗率降低了20%以上。

(二)案例分析

通过深入分析白茶产、运、储、销全链条管理痛点,安吉县制订了以物联网、大数据、云计算为基础的智慧物流解决方案,旨在打造既高效又智能的白茶物流生态系统。该体系是集智能化仓储、自动化分拣、冷链运输等三位于一体的综合物流中心,实现了对白茶库存状态的全方位监控,大幅提升了物流运输效率,并在一定程度上减少了运输成本与损耗率。

三、宁波农副产品物流中心有限公司"数字菜篮子"

(一)案例介绍

早年宁波农商发展集团开始有意识建设信息化应用,目前建有统一结算系统、资产管理系统、检测溯源子系统、进出场管理系统、信息发布系统、智慧农批平台、大宗农产品竞价采购平台(蔬批市场)等大小数字化系统十余套,形成了面向批发、农贸市场的信息化基础应用场景。现阶段,集团积极推进"数字菜篮子"协同创新中心区域布局和优化改造,打通菜篮子产业链上下游发展壁垒,提升管理经营效率,形成经济增长新动力,也为后续构筑建立经营户信用体系、创新搭建供应链金融服务平台奠定了基础。集团通过深入推进数字化改革和应用,服务民生、保障供应的能力得到进一步强化。一方面是数字进场精密化,通过进场实时登记,与库存数据相匹配,以每日库内蔬菜4 000 吨、肉类 3 200 吨、水果 3 000 吨等为要求精密化计算运货量,保障宁波大市 7 天农产品供应;另一方面是打造数字保供基地,推进 12 个蔬菜保供基地、3 个白条肉直采厂家的数字对接,对已签约的保供基地要求能够掌握当前的种植养殖品类预计产量、供应时间、在途、进场等数据。而且,食品安全是市场供应的首要条件,集团利用数字化手段丰富监管检测信息,保障舌尖上的安全,不仅打造了数字实验室,依托下属水产、果品、蔬批、肉禽蛋四大批发市场可提供每日 600 余批次的检测数据和市食监院预警大数据,而且还通过 CMA 认证权威报告,为数字实验室数据的精准化、权威性提供有力保障。此外,集团通过建立风险预警算法产生安全预警,分别为检测性预警、流入性预警、舆情预警三个方面,让定量检测与市场快检互相促进,提高应急预防能力形成联动机制。不仅如此,其通过建立"宁波农批通"小程序,着重于倡导实行商户"一摊一码,亮码经营",目前普及商户近 400 家,对农残超标率较高的蔬菜、肉类品种重点检测,消费者可以扫码查看摊位的主体信息及历史快检数据、采集并匹配出经营户定量检测数据。

(二) 案例分析

宁波农副产品物流中心有限公司积极推进"数字菜篮子"建设,通过构建一系列数字化系统,形成了面向批发、农贸市场的信息化基础应用场景。公司不仅优化改造了现有系统,还打通了产业链上下游壁垒,提升了管理经营效率。其通过数字进场精密化计算运货量,保障了宁波大市的农产品供应,并打造了数字保供基地,实现了对保供基地的精细化管理。同时,公司利用数字化手段加强食品安全监管,建立了风险预警机制,并通过"宁波农批通"小程序,增强了消费者信任与市场透明度。

第二节　农产品物流智慧化生态案例启示

一、浦江葡萄智慧物流中心案例启示

(一)智慧化手段对于农产品物流的革新

浦江葡萄智慧物流中心的成功案例,充分展示了智慧化手段在农产品物流中的创新应用。通过配备先进的冷链设备和智慧化管理系统,该中心实现了葡萄从采摘到送达消费者手中的全程可追溯管理。这种创新的应用模式不仅提高了物流效率,还显著提升了葡萄的新鲜度与品质保障能力。智慧化手段的应用,使得农户可以更加便捷地将葡萄信息上传至系统,享受从订单处理、冷链运输到终端配送的一站式服务。这种模式的推广,有助于农产品物流行业整体的智慧化升级,提高农产品的市场竞争力。

（二）多方联动与政府引导在产业转型升级中的关键作用

浦江葡萄智慧物流中心的建设,是政府引导、多方联动共同推动产业转型升级的典范。面对葡萄产业快速发展的需求,浦江邮政管理局携手农业农村局、葡萄专业合作社及种植户代表,共同组建葡萄共富联盟,深入调研并寻求解决方案。这种多方联动的机制,有效整合了资源,共同推动了葡萄产业的智慧化物流体系建设。政府的引导作用也至关重要,通过政策支持和资金扶持,为智慧物流中心的建设提供了有力保障。这种政府引导、多方联动的模式,对于其他地区的农产品物流体系建设具有重要的借鉴意义。

（三）拓宽销售渠道与市场覆盖面,助力农户增收

浦江葡萄智慧物流中心在运营过程中,充分发挥了资源整合与优化配置的优势,不仅降低了运输成本与损耗率,还显著提升了葡萄的市场覆盖面。通过引入电商平台与直播带货等新兴销售模式,消费者可以通过线上平台轻松购买到新鲜优质的浦江葡萄,而农户则能够享受更广阔的市场空间与更高的销售价格。这种销售模式的创新,不仅拓宽了葡萄的销售渠道,还提高了农户的收入水平。浦江葡萄智慧物流中心的成功经验表明,通过智慧化手段和创新销售模式的应用,可以有效推动农产品产业的持续发展和农民增收。

二、浙江省安吉县白茶产业智慧物流转型,赋能农业现代化案例启示

(一)智慧物流引领白茶产业升级,创新模式助力农业现代化

浙江省安吉县作为白茶的重要产地,近年来积极推动白茶产业的智慧物流转型,为农业现代化注入了新的活力。通过引入先进的物联网、大数据和云计算技术,安吉县构建了白茶产业的智慧物流体系,实现了从茶园到消费者全程的信息化、智能化管理。这一创新模式不仅提高了白茶的生产效率和质量安全水平,还极大地缩短了产品从产地到市场的流通时间,增强了市场竞争力。智慧物流的引入,使得安吉白茶能够更好地适应市场需求,实现精准营销和定制化服务,为农业现代化提供了有力的支撑。

(二)科技赋能提升产业价值,智慧物流打造白茶品牌新形象

安吉县白茶产业智慧物流转型的成功,离不开科技的赋能。通过运用现代信息技术,安吉县实现了对白茶生产、加工、储存、运输等全环节的智能化监控和管理,确保了白茶的品质和安全。同时,智慧物流还帮助安吉白茶打造了全新的品牌形象,提升了产品的附加值和市场认知度。消费者可以通过智能手机等终端设备,随时随地查询白茶的产地、生产日期、质量检测报告等信息,增强了消费者的信任度和购买意愿。科技赋能不

仅提升了安吉白茶的产业价值,还为农业现代化树立了新的标杆。

三、宁波农副产品物流中心有限公司"数字菜篮子"案例启示

(一)抓牢群众着力点,聚焦社会民生短板,国企责任更凸显

宁波农副产品物流中心有限公司作为民生类国企,在践行社会责任方面展现出了高度的自觉性和前瞻性。公司积极响应《中共中央 国务院关于支持浙江高质量发展建设共同富裕示范区的意见》,将满足人民日益增长的美好生活需要作为根本目的,深入聚焦群众的实际需求,特别是针对保供难这一社会热点和发展短板,利用数字化手段开展各项工作,实现了保供惠民这一重大目标。通过构建"数字菜篮子",公司不仅优化了农产品供应链,还提高了食品安全的监管水平,确保了人民群众"舌尖上的安全"。同时,公司还通过数字化手段,实现了对农产品市场的精准调控,有效平抑了市场价格波动,保障了群众的基本生活需求。这一系列举措,充分凸显了国企在保障社会民生、服务人民群众方面的责任与担当。

(二)创新机制探未来,寻找变道超车机遇,国企改革更高效

面对日益激烈的市场竞争和不断变化的消费需求,宁波农副产品物流中心有限公司深知创新是引领发展的第一动力。因此,公司利用数字化手段,对专业批发市场、冷链物流、零售、

服务协同四大板块进行了重构与拓展,打造了一个全品类、多层次、智慧化的农副商品批发交易平台。这一创新举措,不仅提升了公司的业务协同价值,还推动了农产品物流智慧化生态的发展。通过区域协作、食品安全监测、数字化升级、供应链管理、金融投资业务与专业批发市场、零售、冷链物流的紧密结合,公司实现了业务模式的创新和升级。同时,公司还积极寻找变道超车的机遇,通过与其他先进企业的合作与学习,不断引进和吸收新的管理理念和技术手段,进一步提升了国企改革的效率和成效。

(三)构建竞争新优势,解决传统经营问题,国企发展再提升

在数字化转型时代背景下,宁波农副产品物流中心有限公司深刻认识到,只有不断构建竞争新优势,才能解决传统经营问题,实现国企的持续发展。因此,公司以互联网物联网技术为基础,以农产品信息、数据、物流、仓储、冷链、安全溯源等为核心,构建了一个数字农批智慧化平台。这一平台的建立,使得企业的资金流、数据流等交易数据更加清晰透明,促进了绿色商品贸易流通的便捷性。同时,通过数字化手段的应用,公司实现了对农产品供应链的全程监控和管理,提高了供应链的透明度和可追溯性。这些举措不仅增强了企业的竞争力,还提升了服务的质量和效率。更重要的是,通过数字化转型和创新发展,公司实现了保供有力的改革发展目标,有效促进了农产品物流智慧化生态的发展。这一系列成果充分展示了国企在数字化转型和创新发展方面的巨大潜力和广阔前景。

第六章 农产品物流智慧化生态风险评估与防范

第一节 农产品物流智慧化生态风险识别

一、农产品物流智慧化生态风险识别程序与原则

(一)农产品物流智慧化生态风险识别的主要程序

风险识别是指对农产品物流企业所面临的及潜在的所有风险加以判断、归类和鉴定其性质的过程。对危险的辨识是风险评价与风险控制的基础,它是指对所面临的及潜在的事故危险加以判断、归类和分析危险性质的过程,风险识别程序如图 6-1 所示。风险识别需要确定如下三个相互关联的因素:第一,风险来源(因素);第二,风险事件;第三,风险症状,又称触发器或预警信号,它是指示风险已经发生或即将发生的外在表现,是风险发生的苗头或前兆。

```
                    ┌─────────────────┐
                    │   风险识别开始    │
                    └────────┬────────┘
                             │
              ┌──────────────▼──────────────┐
      是      │          风险分解           │◄──────────────┐
   ┌──────────┤                             │               │
   │          └──────────────┬──────────────┘               │
   │                         │                              │
   │          ┌──────────────▼──────────┐    是             │
   │          │      是否有新风险        ├────────────────┐  │
   │          └──────────────┬──────────┘                │  │
   │                         │否                          │  │
   │          ┌──────────────▼──────────┐   ┌────────────▼──┐
   │          │    是否需要新的分解      │   │ 识别风险因素和事件 │
   │          └──────────────┬──────────┘   └────────────┬──┘
   │                         │否                          │
   │          ┌──────────────▼──────────┐   ┌────────────▼──┐
   │          │     建立风险清单         │   │  建立初始风险清单  │
   │          └──────────────┬──────────┘   └───────────────┘
   │                         │
   │          ┌──────────────▼──────────┐
   └─────────►│     风险识别结束         │
              └─────────────────────────┘
```

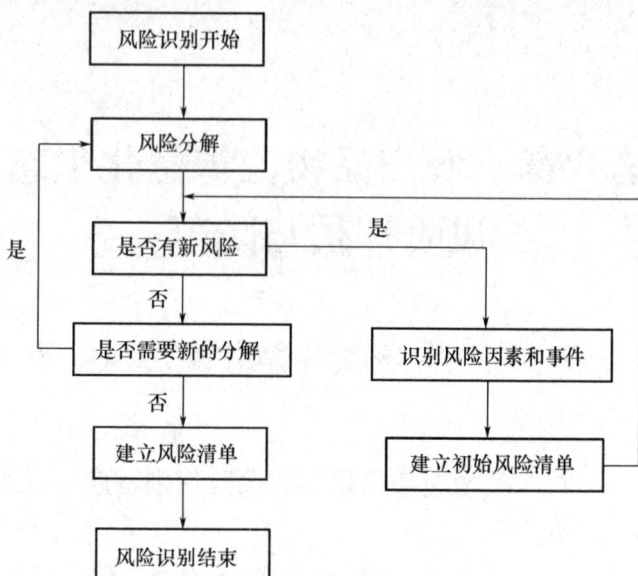

图 6-1　农产品物流智慧化生态风险识别程序

(二)农产品物流智慧化生态风险识别的原则

1. 系统性原则

农产品物流供应链本身是一个庞大且复杂的系统,涉及多个环节和参与主体,包括生产、加工、储存、运输、销售等。这些环节紧密相连,相互影响,任何一个环节的波动都可能对整个系统造成冲击。因此,在风险识别时,必须遵循系统性原则,全面考虑供应链各环节的风险因素,以及这些风险因素之间的相互作用和传导机制。具体来说,系统性原则要求识别风险时不仅要关注单一环节的风险,还要将供应链视为一个整体,从全局视角出发,分析各环节风险对整体系统的影响。例如,在智慧化农产品物流系统中,信息技术的应用可能带来数据安全风险。这一风险不仅影响信息系统本身,还可能通过供应链传导至生产、加工、销售等环节,造成更广泛的影响。因此,在识别风险时,需要综合考虑系统内部各环节的关联性,以及系统与外部环境的相互作用,确保识别的全面性和准确性。

2. 动态性原则

智慧化农产品物流系统是一个持续运作、不断变化的动态系统,其面临的风险因素也随着时间、环境和技术的发展而不断变化。因此,风险识别不能仅停留在静态分析层面,而应具备动态监测和预警的能力。动态性原则要求风险识别工作要持续进行,及时更新风险信息库,对新的风险因素进行及时识别和评估。例如,随着物联网、大数据、人工智能等技术的广泛应用,智慧化农产品物流系统在提高效率的同时,也面临着新的技术风险和数据安全风险。这些风险可能随着技术的迭代升级而不断变化,因此需要动态监测和评估其发展趋势和潜在影响。同时,动态性原则还强调风险识别应具备一定的前瞻性和预见性。通过对历史数据的分析和对未来趋势的预测,提前识别出潜在的风险因素,并制定相应的防范措施。例如,在农产品运输过程中,通过对天气、交通等外部环境的实时监测和预测,提前调整运输计划,避免自然灾害和交通事故对物流系统的影响。

二、风险识别的依据与方法

（一）风险识别的依据

1. 农产品物流服务产品描述是风险识别的基石

在农产品物流智慧化生态风险识别的过程中，农产品物流服务产品描述是风险识别的重要依据之一。这一描述涵盖了物流服务的所有关键要素，包括但不限于服务的内容、范围、标准、流程以及预期的效果等。通过对这些关键要素进行深入的分析和理解，我们可以更准确地识别出潜在的风险点。农产品物流服务产品描述提供了一个全面的视角，能够洞察到物流服务的各个环节和细节。在这个基础上，可以对物流服务过程中可能出现的风险进行系统的梳理和分类，从而形成一个清晰的风险识别框架。这个框架不仅有助于发现已知的风险，还能帮助预见到可能的新风险，为后续的风险评估和应对提供有力的支持。

2. 农产品物流计划是风险识别的导航图

农产品物流计划作为风险识别的又一重要依据，在农产品物流智慧化生态风险识别过程中发挥着导航图的作用。物流计划详细规划了物流活动的各个环节，包括物流路径、运输方式、时间安排、人员配置等，为物流活动的顺利进行提供了明确的指导和依据。通过对农产品物流计划的深入分析，我们可以清晰地了解到物流活动的整体流程和各个环节之间的关联关系。这种全局性的视角能够更容易地识别出潜在的风险点，以及这些风险点可能对物流活动产生的影响。同时,物流计划中的时间安排和人员配置等信息也有助于评估风险的可能性和严重程度,为后续的风险应对提供更有针对性的建议。此外,农产品物流计划还是进行风险监控和预警的重要工具。

3. 历史资料是风险识别的智慧库

在农产品物流智慧化生态风险识别过程中,历史资料作为风险识别的智慧库,发挥着不可替代的作用。历史资料包括了农产品物流活动的各种原始记录、商业性历史物流活动的信息资料以及企业管理人员的经验等,这些资料提供了丰富的风险信息和应对经验。通过对历史资料的深入挖掘和分析,我们可以发现农产品物流活动中曾经出现过的风险事件和问题,了解这些风险事件和问题的发生原因、处理过程以及最终的结果。这种经验性的学习能够使我们更准确地识别出当前物流活动中可能存在的类似风险,并借鉴历史经验来制定更有效的风险应对措施。同时,历史资料还可以帮助揭示农产品物流活动的内在规律和趋势。通过对历史数据的统计和分析,我们可以发现物流活动中某些风险事件的发生频率和规律,从而预测未来可能出现的新风险。这种预测能力能够使我们在风险发生之前做好充分的准备和应对计划,降低风险带来的不确定性和损失。

(二) 风险识别的方法

1. 核查表法

核查表法在农产品物流智慧化生态风险识别过程中发挥

着重要作用。这种方法基于本企业或同行其他业务内容相近的相关风险信息，编制风险识别核对图表。通过对照核对图表，企业可以系统地梳理和识别潜在的风险因素，确保风险识别的全面性和系统性。核查表法的优势在于其可操作性强，能够将复杂的风险识别过程简化为一系列具体的核对步骤，从而提高风险识别的效率和准确性。同时，核查表法还能够帮助企业总结有关风险的规律性因素，为制定风险防范措施提供有力的依据。通过不断积累和完善风险识别核对图表，企业可以建立起一套完整的风险管理体系，有效应对农产品物流智慧化生态中的各种风险挑战。

2. 工作分解结构法

工作分解结构法在农产品物流智慧化生态风险识别过程中具有独特的优势。这种方法将复杂的物流项目分解为若干个相对独立、易于管理的组成部分，通过对每个组成部分的性质、关系进行深入分析，全面识别潜在的风险因素。工作分解结构法的应用需要企业具备较高的项目管理能力和专业素养。在实际操作中，农产品物流企业可以组建专业的项目管理团队，负责项目的分解和风险识别工作。通过运用工作分解结构法，企业可以更加准确地识别出物流项目中的关键风险点，为制定针对性的风险防范措施提供有力的支持。同时，这种方法还能够促进企业内部各部门之间的沟通与协作，共同应对农产品物流智慧化生态中的各种风险挑战。

3. 事故树分析法

事故树分析法是一种系统而深入的风险分析方法，它在农产品物流智慧化生态风险识别中具有独特价值。这种方法不仅能够帮助查明风险因素,还能求出风险事故发生的概率,为风险控制方案的制订提供定量或定性的分析依据。在农产品物流智慧化生态中,风险因素众多且关系复杂,事故树分析法通过构建风险事故的逻辑关系图,可以清晰地识别出各种风险因素之间的因果关系和逻辑联系。同时,它还能对各种风险控制方案进行模拟和评估,帮助选择最优的风险控制策略。例如,在面对农产品运输过程中的风险时,可以利用事故树分析法识别出可能导致运输延误或损失的各种因素,并评估不同风险控制方案的效果,从而选择最有效的措施来降低风险。

4. 流程图分析法

流程图分析法是一种动态的风险识别方法,它以作业流程为分析依据,在农产品物流智慧化生态风险识别中发挥着重要作用。这种方法将业务流程分解为一系列的程序和步骤,然后在每一个程序内识别风险,最后再将这些风险整合到整个项目中进行分析。在农产品物流智慧化生态中,业务流程通常包括采购、运输、仓储、配送等多个环节。流程图分析法通过绘制详细的业务流程图,帮助人们清晰地了解每个环节中的潜在风险。例如,在运输过程中,可能会遇到天气变化、交通拥堵等风险因素;在仓储环节中,则需要关注货物损坏、丢失等风险。流程图分析法,可以系统地识别出这些风险,并对它们进行定量或定性的评估,为制定针对性的风险管理措施提供有力支持。借助这种方法,人们能够更加全面地了解农产品物流智慧化生态中的风险状况,为项目的顺利实施和运营提供有力保障。

第二节　农产品物流智慧化生态
风险防范措施

一、农产品物流企业风险防范

(一)构建严苛的日常生产规则

1. 强化日常监督与应急防护是农产品物流企业风险防范的双重保障

在农产品物流企业的风险防范工作中,强化日常监督与应急防护是两项相辅相成的关键措施。通过设立安全员制度,企业已经建立了对农产品日常生产的持续监督机制。而要确保风险防范工作的全面性和有效性,还需要进一步加强对应急情况的防护和应对。安全员们在日常巡查和监督过程中,需要时刻保持警惕,密切关注天气和环境变化。针对恶劣天气环境,应提前做好防护准备,确保农产品贮存地的设施和设备能够抵御极端条件的侵袭。同时,安全员们还需要制定并执行应急预案,以便在突发事件发生时能够迅速、有序地应对,最大限度地减少损失和影响。而且,强化日常监督与应急防护的双重保障机制要求农产品物流企业不断提升安全员的专业素养,其中包括应急处理能力。

2. 以安全员制度为核心的农产品物流企业风险防范

在农产品物流企业的风险防范实践中,以安全员制度为核心的一系列措施已经展现出了显著的效果。而随着行业的不断发展和风险形态的变化,企业还需要不断创新和完善风险防范机制,以适应新的挑战和需求。在实践中,农产品物流企业可以通过引入先进的技术手段来增强安全员制度的效能。例如,利用物联网技术对贮存地的环境和设施进行实时监控,可以为安全员提供更准确、更及时的数据支持。同时,通过大数据分析和人工智能算法,企业可以对潜在风险进行更精准的预测和评估,从而提前采取防范措施。此外,农产品物流企业还可以借鉴行业内外的成功经验,不断创新风险防范策略和方法。例如,与其他企业建立风险共担机制,共同应对行业性风险,或者引入第三方专业机构进行风险评估和审计,提升风险防范的专业性和客观性。

(二)注重信息化建设

1. 构建线上农产品物流服务平台

在农产品物流企业的风险防范过程中,为了更好地应对由信息不对称问题所带来的农产品物流智慧化生态风险,构建线上农产品物流服务平台成为一项迫切的任务。这一平台的构建,旨在实现数据的采集与信息的获取更加便捷、高效。通过线上平台,农产品物流企业可以实时掌握农产品的生产、加工、运输、销售等各个环节的信息,从而有效避免信息不对称导致的决策失误和风险事件。同时,线上平台还可以为农产品物流企业提供更加全面、准确的市场信息和数据分析,帮助企业更好地把握市场动态,制定更加科学合理的经营策略。而线上农产品物流服务平台的构建,不仅提升了农产品物流企业的信息化水平,还为企业的风险防范工作提供了有力的支持。通过平台的实时监控和数据分析,企业可以及时发现潜在的风险因素,并采取相应的措施进行防范和应对,从而有效降低农产品物流智慧化生态风险的出现概率。

2. 物联网技术赋能降低沟通成本

在农产品物流企业的风险防范工作中,物联网技术的引入为传统的物流业务赋予了新的能量。通过物联网技术,农产品物流企业可以实现物流过程的智能化、自动化和可视化,从而大大降低沟通成本,提高工作效率。物联网技术的应用,使得农产品物流过程中的各种设备、设施都能够实现互联互通。通过传感器、RFID 等技术手段,企业可以实时获取农产品的位置、状态、温度等信息,无须人工干预即可实现数据的自动采集和传输。这不仅提高了数据的准确性和实时性,还大大减少了人工沟通的时间和成本。同时,物联网技术还可以帮助农产品物流企业实现物流过程的可视化管理。通过物联网平台,企业可以实时监控农产品的运输过程,了解货物的实时位置和状态,及时发现并处理潜在的风险因素。

二、农产品企业风险防范

(一)资质审查系统

在实施资质审查时,农产品企业应注重数据的真实性和准确性。这是确保审查结果的客观性和公正性的基础。为了获取真实可靠的数据,企业应建立严格的数据采集和审核机制,确保所收集的数据能够真实反映企业的实际情况。同时,企业还应定期对资质审查系统进行更新和完善。市场环境和企业自身发展状况都在不断变化,因此资质审查系统也需要与时俱进。企业应定期对系统进行评估和调整,以适应市场变化和企业自身发展的需求。例如,可以定期更新评估指标、优化评估流程、引入新的评估工具和技术等。为了确保资质审查系统的有效实施,企业还应注重培养专业的审查团队。这些团队成员应具备丰富的行业经验和专业知识,能够准确判断企业的资质状况并提出有针对性的改进建议。有了专业的团队支持,企业可以更好地实施资质审查并受益于其中。

(二)多元化考察因素防范

在农产品物流智慧化生态中,风险无处不在,这对农产品企业的稳健运营构成威胁。为了更好地应对这些风险,企业必须构建一套全面而有效的风险防范体系。而多元化考察因素正是这一体系的重要基石。除了紧密关注企业运营波动和制定精细严苛的资质审查系统外,农产品企业还应从多个维度对企业的发展潜力进行全面评估。这包括企业的信用状况、主营业务能力、创新能力以及员工素质水平等。通过多元化考察,企业可以更加全面地了解自身的实力和潜力,以及面临的风险和挑战。在这个过程中,一个信用良好的农产品企业在市场上更容易获得合作伙伴和消费者的信任,从而降低交易成本和风险。因此,农产品企业应注重自身信用体系的建设和维护,确保在市场竞争中保持良好的信誉。

三、技术创新与风险防范

(一) 鼓励技术创新与研发

1. 加大投入为农产品物流智慧化技术创新提供坚实支撑

在快速发展的数字化时代,农产品物流行业正面临着前所未有的变革机遇。为了防范农产品物流智慧化生态中的潜在风险,推动行业向更高水平发展,必须加大对农产品物流智慧化技术创新的投入。这不仅是对行业未来发展的战略选择,更是提升农产品物流效率、降低运营成本、增强市场竞争力的关键所在。投入的增加意味着更多的资金、资源和人才将被引入农产品物流智慧化技术的研发中。这将为科研机构和企业提供更多的机会去探索新的技术路径,去攻克关键的技术难题,去开发出更加先进、更加适用的技术和设备。同时,投入的增加也将促进技术成果的转化和应用,使更多的新技术、新设备能够快速地进入实际的生产和运营中,为农产品物流行业带来实实在在的效益。

2. 激发企业、科研机构等创新主体的活力

技术创新是农产品物流智慧化发展的核心驱动力。为了推动这一进程,必须充分激发企业、科研机构等创新主体的活力,鼓励其积极进行研发活动。对于企业而言,研发是新技术的源泉,也是企业保持竞争力的关键。因此,企业应该加大对研发的投入,建立完善的研发体系,培养一支高素质的研发团队。同时,企业还应该积极寻求与外部科研机构的合作,共同进行技术研发和攻关,以实现技术突破和产业升级。对于科研机构而言,拥有专业的研发团队和先进的研发设备,是技术创新的重要力量。因此,应该鼓励科研机构积极参与农产品物流智慧化技术的研发工作,为其提供必要的资金和支持。

3. 验证新技术、新设备的可行性与效果

新技术、新设备的研发只是农产品物流智慧化发展的第一步,更重要的是将这些技术和设备应用到实际的生产和运营中,去验证它们的可行性和效果。因此,必须积极推动新技术、新设备的试点应用工作。试点应用可以选择一些具有代表性的农产品物流企业或区域进行。在试点过程中,应该密切关注新技术、新设备的应用情况,及时收集和分析相关数据和信息。同时,还应该积极与企业、科研机构等进行沟通和交流,了解其在应用过程中遇到的问题和困难,并为其提供必要的帮助和支持。通过试点应用,人们可以更加深入地了解新技术、新设备的实际效果和潜在价值。如果试点结果证明新技术、新设备具有良好的可行性和效果,那么就可以进一步推广和应用这些技术和设备,为农产品物流行业的发展注入新的动力。

(二)加强技术标准与规范制定

1. 制定技术标准与规范是奠定农产品物流智慧化风险防范的坚实基础

技术标准的制定应当涵盖农产品物流智慧化的各个环节,包括信息采集、传输、处理、应用等。通过明确技术参数、数据格式、接口标准等,人们可以有效避免不同系统之间的信息孤

岛现象,实现数据的互联互通和共享。同时,技术规范的制定也是必不可少的,它应当包括技术的使用条件、操作流程、安全要求等,以确保技术的正确实施和有效运行。在制定技术标准与规范的过程中,需要广泛征求行业内的意见和建议,确保标准的科学性和实用性。同时,也要注重与国际标准的接轨,以便在未来的国际合作与交流中占据有利地位。

2.持续完善与更新是农产品物流智慧化生态技术风险防范的核心要求

农产品物流智慧化是一个不断发展的过程,技术标准与规范也需要随之进行持续的完善与更新。这是因为随着技术的不断进步和市场的不断变化,原有的标准与规范可能已经无法完全适应新的发展需求。因此,应当建立一种机制,定期对技术标准与规范进行评估和修订。这种机制应当包括对行业发展趋势的预测、对新技术新应用的评估、对标准与规范实施效果的反馈等。通过这种机制,人们可以及时发现标准与规范中存在的问题和不足,并进行相应的修订和完善。同时,也要鼓励行业内的企业和科研机构积极参与到技术标准与规范的制定和修订中来。它们作为技术的实际应用者和创新者,对于技术的需求和发展趋势有着更为深刻的理解和把握。

第三节　农产品物流智慧化生态
风险应对策略

一、风险规避策略

在实施风险规避策略时,企业可以采取多种具体方法。首先,对于物流软件项目开发中的技术风险,企业可以选择采用相对成熟的技术,或者利用开发团队在技术上的优势,以降低技术实施过程中的不确定性。其次,对于项目进度风险,企业可以采用增量式的开发方法,通过逐步完成和交付项目模块,更好地控制项目进度,及时发现和解决潜在问题。最后,企业还可以通过缩小物流业务工作范围、避免与不熟悉的服务提供商签约、制定和执行公司政策与限制性制度等方式,来规避其他类型的风险。

二、风险转移策略

在风险转移策略的实际应用中,不具优势的物流项目或活动的外包成为一种有效方式。物流企业可以将自身不擅长或不具备优势的项目或活动外包给专业的第三方,利用其在该领域的专业优势和管理经验来降低风险。例如,对于需要特殊技能和设备的物流环节,外包给具备相应能力和资源的专业公司,可以更有效地管理风险。除了外包,保险与担保也是风险转移策略中不可或缺的一部分。通过购买保险产品,物流企业可以将部分或全部风险转移给保险公司,从而在风险事件发生时获得经济赔偿。同时，担保作为一种增信手段，也可以为物流企业提供额外的风险保障。在物流合同中引入担保方，可以降低违约等带来的风险。而且，物流企业可以与其他企业或机构建立联盟关系，共同承担风险并分享收益。通过资源共享、优势互补，联盟成员可以更好地应对市场风险、运营风险等。

三、风险减轻策略

对于可预知并且可控制的风险，如人力、燃料等直接成本受物价和通货膨胀的影响，可以通过加强市场监测和预警，及时调整物流策略来降低风险。例如，建立完善的物价和通货膨胀监测体系，当物价上涨或通货膨胀压力增大时，及时调整物流成本和定价策略，以减轻对农产品物流智慧化生态系统的影响。对于不可控制的风险，如产业结构变化、自然灾害等，需要通过有预见性的工作来尽量减少其对物流项目的不确定性影响。这可以包括制订灵活的物流规划，以适应产业结构的变化；建立灾害预警和应急响应机制，以减轻自然灾害对物流项目的破坏和影响。例如，在物流规划中考虑产业结构变化的趋势，提前调整物流布局和资源配置；在自然灾害频发地区建立应急物资储备和运输体系，以确保在灾害发生时能够及时响应并减轻损失。

四、风险管理监控策略

(一)风险管理监控的重点

1. 现存重点风险的监控与管理

在农产品物流智慧化生态风险应对过程中，风险管理监控的首要重点是现存的重点风险。这些风险是项目当前面临的主要威胁,对项目的顺利进行和成功完成具有直接影响。因此,必须对这些风险进行密切的监控和管理。监控现存重点风险的关键在于实时跟踪其状态变化。这包括定期收集和分析相关数据,以了解风险的实时情况和潜在影响。通过这种方法,可以及时发现风险的任何不利变化,并采取相应的应对措施来降低或消除其影响。除了实时跟踪,还需要对现存重点风险进行定期评估。这涉及对风险的严重程度、可能性和影响进行量化分析,以确定其优先级和应对的紧迫性。通过评估,可以更好地了解风险的性质和潜在影响,从而制定更有效的应对策略。在监控和管理现存重点风险的过程中,还需要与项目团队和其他相关方保持密切的沟通。这可以确保所有相关方都了解风险的情况和应对措施的进展,从而共同协作来降低或消除风险的影响。

2. 新出现风险的识别与应对

识别新出现风险的关键在于保持对项目的持续关注和敏锐洞察力。这涉及对项目进展、市场环境、技术变化等方面的定期审查和分析,以便及时发现可能的新风险。如果发现新风险,就需要立即进行评估,并制定相应的应对措施来降低或消除其影响。应对新出现风险需要灵活性和创新性。由于这些风险可能是未知的或具有不确定性,因此需要采用创新的思维和方法来制定有效的应对策略。这可能涉及与项目团队和其他相关方的紧密合作,共同探索新的解决方案来应对风险。

3. 风险管理绩效与特定度量措施的监控

监控风险管理绩效的关键在于建立有效的度量指标体系。

这包括确定关键绩效指标(KPIs),如风险降低程度、应对措施的执行情况等,并定期收集和分析相关数据来评估绩效。通过这种方法,可以客观地了解风险管理活动的实际效果,并及时发现存在的问题和改进点。除了绩效监控,还需要对特定的度量措施进行监控。这些度量措施可能与项目的特定目标、风险阈值或合规要求相关。通过监控这些度量措施,可以确保项目在风险管理方面符合预定的标准和要求。为了提高风险管理绩效和特定度量措施的监控效果,还需要采取一些额外的措施。例如,可以建立定期的风险管理审查会议,邀请项目团队和其他相关方参与,共同讨论风险管理的进展和挑战。此外,还可以利用风险管理软件或工具来自动化数据收集和分析过程,提高监控的效率和准确性。通过这些措施,可以更好地监控和管理农产品物流智慧化生态风险应对过程中的风险管理绩效和特定度量措施。

(二)风险管理监控的步骤

农产品物流智慧化生态风险应对过程中,风险管理监控应该根据物流生产过程的发展与变化的情况,不断地重新识别和界定风险,不断地更新风险应对措施,不断地决策和实施风险应对措施,以最终确保生产目标的成功实现。风险管理监控流程的具体步骤参见图6-2。

这个过程的实施,需要相关部门的参与,比如,各部门自查与检验、风险管理职能部门评价、外部评价与提出改进建议。

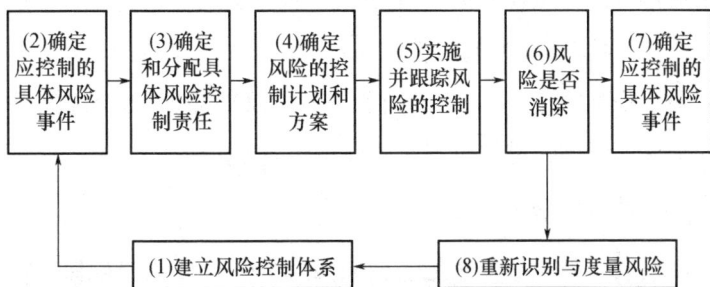

图 6-2 风险管理监控流程示意图

(三) 风险管理监控的工具与技术

1. 风险应对审计

在农产品物流智慧化生态中,风险应对审计是一项至关重要的活动,它确保了风险应对策略的有效性和合规性。通过系统地评估风险应对措施如风险回避、风险转移和风险缓解,审计人员能够确认这些措施是否按照既定的标准和程序被正确实施。此外,审计过程还涉及对风险负责人的行为和决策进行审查,以确保他们有效地履行了职责,并且采取的行动有助于减少或消除潜在风险。为了达到这一目的,审计人员会采用一系列工具和技术来收集数据和信息,包括但不限于访谈、文件审查和现场观察等方法。这些证据会被用来形成对风险应对措施有效性的结论,并提出改进建议。审计工作不仅关注已知的风险,还包括那些潜在的未知风险,因为后者同样可能对物流生态系统的稳定性构成威胁。因此,在审计过程中,审计人员需要展现出高度的专业知识和敏锐的洞察力,以便能够识别出那些可能被忽视的风险因素。此外，审计人员还需要具备良好的沟通技巧，因为他们需要与各种利益相关者合作，包括但不限于物流管理人员、技术团队成员以及外部合作伙伴等，共同确保风险应对措施得到充分理解和适当执行。

2. 定期风险审议

在农产品物流智慧化生态中，定期的风险审议是确保风险管理持续有效的关键环节。通过定期召开会议来审视风险状况的变化，组织可以及时调整其风险管理策略以适应新的挑战。在这些会议上，风险管理作为一项重要议题被提上日程，这有助于确保所有参与者都能够及时了解风险的最新状态，并讨论如何最佳地应对这些风险。随着项目的推进和环境的变化，风险的性质和优先级也会发生变化，这就需要通过定期审议来确定哪些风险需要立即处理，哪些可以暂时搁置。审议会议为所有参与方提供了一个平台，使他们能够分享各自的观点和信息，从而更好地理解整个物流生态系统中可能存在的风险。这种方式，不仅可以增强团队之间的协作，还可以促进创新解决方案的产生。审议过程中可能会涉及对特定风险的深入分析，包括使用定量分析方法来评估风险的影响程度和可能性。

3. 额外的风险应对规划

在农产品物流智慧化生态风险应对过程中，有时会出现风险应对计划中未曾预计的某项风险，或者已知风险的实际影响超出了预期的情况。在这种情况下，原先制定的风险应对措施可能不足以解决问题，因此需要进行额外的风险应对规划来控制此类风险。这项规划应当灵活且快速响应,以确保项目或业务能够继续朝着既定的目标前进。额外的风险应对规划需要对新出现的风险进行全面的评估,这包括确定风险的可能性、潜在的影响以及与其他风险之间的相互作用。如果了解了风险的特性,就可以开始制定具体的应对措施。这些措施可能包括但不限于增加资源投入、调整项目计划、寻求外部支持、实施紧急补救方案等。此外,还需要考虑如何将这些新措施融入现有的风险管理框架中,以确保它们能够有效地与现有措施协同工作。在执行额外的风险应对规划时,项目团队需要保持高度的灵活性和开放性。

第七章 农产品物流智慧化生态的可持续发展策略

第一节 农产品物流智慧化生态的可持续发展路径

一、加快农产品物流标准化建设

(一)农产品物流标准化的重要性

1.标准化的核心价值

农产品物流标准化的核心价值在于其能够统一和规范农产品物流过程中的各个环节,确保物流活动的顺畅和高效。通过标准化,可以实现农产品物流的信息化、自动化和智能化,提高物流效率,降低物流成本,从而推动农产品物流智慧化生态的可持续发展。

2.我国农产品物流标准化的现状

尽管农产品物流标准化的重要性不言而喻,但我国在这一领域的发展仍处于低水平阶段。农产品标准化包装程度低,设备、器具缺乏统一技术标准,这些问题都制约了农产品物流的进一步发展。因此,逐步建立农产品物流标准统一机制显得尤为迫切和重要。

(二)农产品物流标准化建设的主要方式

1. 农产品物流技术标准的确立

以农产品物流设施设备为核心,需要借鉴运输、仓储、通信等现行的国家标准,制定农产品物流技术标准。这包括加快农产品条码化进程,实现信息采集自动化、信息交换标准化等。通过这些技术标准的制定和实施,可以提高农产品物流的信息化水平,实现物流活动的可视化和可追溯性。

2. 建立农产品物流工作标准和管理标准

除了技术标准外,还需要建立农产品物流的工作标准和管理标准。这包括推行农产品包装规格和标识标准、质量等级标准、拍卖和期货交易标准等。通过这些标准的制定和实施,可以规范农产品物流过程中的各个环节,确保物流活动的顺畅和高效。同时,加强农产品的检验检测也是必不可少的环节,以确保农产品的质量和安全。

3. 深化流通体制改革与整合物流标准

为了改变国内物流标准各自为政的局面,需要深化流通体制改革。这包括将铁路、公路、航运、航空等相关领域的物流标准逐步整合为国家统一的物流标准。通过整合物流标准,可以消除不同领域之间的壁垒和障碍,实现物流活动的无缝衔接和高效运转。

4. 建立协调机制与保障标准化建设的整体性

在农产品物流标准化建设过程中，需要建立协调机制来协调各部门和各行业的利益。这可以确保农产品物流标准在制定过程中的整体性、连续性和科学性。同时，还需要加强标准化建设的宣传和推广工作，提高农产品物流从业者对标准化的认识和重视程度。

（三）农产品物流标准化建设带来的积极影响

1. 标准化带来的多重效益

标准化可以提高农产品物流的效率和质量，降低物流成本，从而增加物流企业的经济效益。而且，标准化可以规范农产品物流过程中的各个环节，确保农产品的质量和安全，从而保障消费者的权益。并且，标准化还可以推动整个农产品产业链的升级和发展，提高农产品的附加值和市场竞争力。

2. 标准化体系的逐步完善

农产品物流标准化建设是一个持续的过程，需要根据农产品物流的实际发展情况和技术进步，不断更新和完善物流技术标准和工作标准。而且，还需要加强标准化建设的宣传和推广工作，提高更多农产品物流从业者对标准化的认识和重视程度。并且，还需要建立反馈机制，及时收集和反馈标准化建设过程中的问题和建议，以便对标准化体系进行不断的改进和完善。

3. 探索标准化建设的新模式

在农产品物流标准化建设过程中，还需要注重创新驱动。

这包括探索新的标准化建设模式和方法,如引入智能化、自动化等先进技术来推动标准化建设的进程。同时,还需要鼓励和支持农产品物流从业者进行技术创新和标准化实践,以推动整个行业的进步和发展。

二、建立健全生态物流机制

(一)农产品生态物流的核心内涵与目标定位

农产品生态物流,作为一种创新的发展模式,其核心在于将生态学、生态经济学的原理与系统分析方法相结合,旨在构建一种高效、低耗、低污染的农产品物流体系。这一体系的建立,不仅关注农产品的流通效率,更强调对资源的合理利用和生态环境的保护。

1. 生态物流的内涵解读

农产品生态物流是对传统农产品物流模式的一种革新。它不再仅仅追求经济效益的最大化,而是将生态效益和社会效益纳入考量范围,力求在三者之间找到最佳的平衡点。这种物流模式注重在农产品物流活动的规划与决策中,采用对环境污染小的方案,以减少对生态环境的负面影响。

2. 生态物流的高效、低耗、低污染目标定位

农产品生态物流的目标定位明确,即实现高效、低耗、低污染的农产品流通。高效意味着农产品从生产到消费的整个流通过程应该迅速、准确,以减少时间成本和损耗。低耗则要求在整个物流过程中,尽量减少资源的消耗和浪费,提高资源的利用效率。而低污染则强调在物流活动中,要采取有效措施减少对环境的污染和破坏。

(二)农产品生态物流机制的构建方式

1. 优化物流活动,减轻环境负担

在农产品物流活动的规划与决策中,应优先考虑采用对环境污染小的方案。这包括优化运输路线,减少不必要的绕行和等待时间,从而降低燃油消耗和排放。同时,可以收取车辆排污费,作为对环境污染的一种经济惩罚,鼓励物流企业采用更环保的运输方式。推广低公害运输车辆也是减少环境污染的有效措施之一。

2. 构建循环利用体系,实现良性循环

农产品废弃物物流是生态物流的重要组成部分。对于农产品加工、销售及消费过程中产生的变质物和废弃物,应进行有效的运输、装卸及处理。这需要建立专门的废弃物物流体系,将废弃物进行分类、回收和再利用。可运用生态学和生态经济学的原理,指导农产品的生产和再生产过程,实现废弃物的循环利用和无害化处理。

3. 双轮驱动生态物流发展

技术创新和政策支持是推动农产品生态物流发展的两个重要驱动力。在技术创新方面,应鼓励物流企业采用先进的物流技术和设备,提高物流效率和环保性能。例如,利用物联网技术实现农产品的全程跟踪和智能管理,减少损耗和浪费。在政策支持方面,相关部门应出台相关政策,鼓励和支持生态物

流的发展。例如,提供财政补贴、税收优惠等激励措施,降低物流企业的运营成本和环境风险。

4. 构建生态物流网络体系

农产品生态物流的发展需要各参与方的紧密合作与协同。这包括农产品生产者、加工企业、物流企业以及政府部门等。各方应共同参与到生态物流网络体系的构建中来,形成合力推动生态物流的发展。例如,可以通过建立信息共享平台,实现各方之间的信息互通和资源共享;通过制定共同的环保标准和规范,推动整个行业的绿色发展。

(三) 农产品生态物流机制的效益评估与持续优化

1. 多维度考量生态物流价值

农产品生态物流机制的效益评估应从多个维度进行考量。这包括经济效益、生态效益和社会效益三个方面。经济效益主要评估生态物流机制对农产品流通成本的降低程度以及对物流企业利润的提升情况;生态效益则主要评估机制对环境污染的减少程度以及对生态环境的改善情况;社会效益则主要评估机制对农产品质量安全的保障程度以及对消费者满意度的提升情况。

2. 动态调整策略以适应变化

农产品生态物流机制的运行是一个动态的过程,需要不断根据外部环境的变化和内部运行的情况进行调整和优化。例如,当新的环保技术或设备出现时,应及时引入生态物流机制中来;当消费者对农产品的需求发生变化时,也应及时调整农产品的生产和流通策略。应通过持续的优化和调整,确保农产品生态物流机制能够长期有效地运行。

3. 不断探索生态物流新模式

应鼓励和支持各方在生态物流领域进行不断的探索和创新。例如,可以尝试新的农产品流通模式,如直销、社区支持农业等;也可以尝试新的环保技术或设备在物流领域的应用。应通过不断的创新和实践,推动农产品生态物流机制的不断完善和发展。

三、缩短农产品物流供应链长度

(一) 农产品物流供应链现状分析

在我国当前的农产品物流模式中,供应链条普遍较长,从生产者到消费者往往需要经过多个中间环节。这种长链模式不仅导致了农产品价格的层层叠加,抬高了最终销售价格,而且对农产品的损耗产生了显著影响。每一个环节的转手和贩运都可能造成农产品的质量下降、新鲜度受损,进而影响消费者的购买体验和健康。此外,长链模式还加剧了信息不对称问题,使得生产者和消费者之间的直接沟通变得困难,市场需求反馈速度慢,不利于农产品的精准生产和销售。因此,长链模式带来的高成本、高损耗和低效率成为制约农产品物流智慧化生态可持续发展的关键因素,亟须通过创新和改革来缩短供应链长度,优化物流环节。

(二)缩短供应链长度,是推动农产品物流智慧化生态可持续发展的关键

为了推动农产品物流智慧化生态的可持续发展,缩短供应链长度成为一项迫切任务。通过减少物流环节,可以直接连接生产者和消费者,降低中间成本,使农产品以更合理的价格到达消费者手中。同时,缩短供应链能够显著减少农产品在多次转手和贩运过程中的损耗,保持农产品的新鲜度和品质,提升消费者的购买满意度。此外,短链模式还有助于加强生产者和消费者之间的直接沟通,快速响应市场需求,促进农产品的精准生产和销售。因此,缩短供应链长度不仅是优化农产品物流模式的重要举措,也是推动农产品物流智慧化生态可持续发展的关键所在。这需要企业和科研机构等多方共同努力,通过技术创新和模式创新,构建更加高效、智能、绿色的农产品物流体系。

四、壮大农产品物流主体实力

农产品物流作为连接生产与消费的关键环节,在实现农业现代化、促进农民增收、保障食品安全等方面具有举足轻重的作用。而当前农产品物流体系仍面临诸多挑战,如物流成本高、效率低、损耗大等。因此,通过体制创新,改造、培育与壮大农产品物流主体实力,成为推动农产品物流智慧化生态可持续发展的有效途径。

（一）农产品物流主体实力的现状

1. 农产品物流主体的多元化与碎片化

当前，我国农产品物流主体呈现出多元化特征，包括农户、合作社、龙头企业、运销大户等。而这种多元化也带来了碎片化问题，各物流主体之间缺乏有效的协同与合作，导致物流资源难以整合，物流成本居高不下。

2. 传统交易方式与经营模式的束缚

传统的农产品交易方式以现货交易为主，存在信息不对称、交易效率低等问题。同时，经营模式单一，缺乏创新，难以满足日益多样化的市场需求。这使得农产品物流主体在市场竞争中处于不利地位，难以实现规模化、集约化发展。

3. 信息化与标准化水平的滞后

信息化与标准化是提升农产品物流效率的关键。而当前农产品物流领域的信息化与标准化水平仍然滞后，导致物流信息不对称、流程不规范、标准不统一等问题突出。这不仅影响了农产品物流的效率，也制约了农产品物流主体的竞争力提升。

（二）体制创新有助于推动农产品物流主体实力的壮大

1. 创新农产品物流组织模式

应通过体制创新，推动农产品物流组织模式的创新，实现物流资源的有效整合。可以探索建立农产品物流联盟或合作社,将分散的物流主体联合起来,形成规模效应和协同效应。同时,鼓励龙头企业发挥引领作用,带动整个产业链的发展。

2. 发展新型交易方式与经营模式

积极突破传统交易方式和经营模式,加快发展和创新期货、拍卖、代理和网上交易等新型交易方式。这些新型交易方式具有高效、透明、便捷等特点,有助于降低交易成本、提高交易效率。同时,探索多元化经营模式,如农超对接、直供直销等,以满足不同市场需求。

3. 加强信息化与标准化建设

信息化与标准化是提升农产品物流效率的重要手段。应加强农产品物流信息化平台建设,实现物流信息的实时共享与追踪。同时,推动农产品物流标准的制定与实施,规范物流流程与操作标准,提高物流服务的标准化水平。

(三)生态可持续发展是农产品物流的未来之路

1. 构建绿色农产品物流体系

在实现农产品物流智慧化生态可持续发展的过程中,构建绿色农产品物流体系成为关键的一环。这意味着要采用一系列环保措施来减少物流活动对环境的影响,如推广使用可降解材料制作的包装袋或箱子,替代传统的塑料包装,减少白色污染。此外,节能运输也是绿色物流的重要组成部分,通过优化运输路径、采用新能源车辆等方式,可以显著降低碳排放量。例如,利用大数据技术进行路径规划,避免拥堵路段,减少燃油消耗;或者选择电动货车进行短途配送,既减少了尾气排放,又降低了噪声污染。与此同时，冷链物流技术的改进也是构建绿色物流体系的关键，通过智能温控系统，不仅能够保持农产品的新鲜度，还能根据实际需求精确控制能源使用，避免过度制冷造成的资源浪费。在这一过程中，还需要加强对农产品质量安全的监管，确保绿色农产品的品质与信誉，让消费者真正享受到健康、安全的食品。这些举措，不仅保护了生态环境，还提升了消费者的信任度，为农产品物流行业的长远发展奠定了坚实基础。

2. 强化农产品物流主体的社会责任

农产品物流主体在追求经济效益的同时，也应主动承担起社会责任，这对于推动行业健康发展具有重要意义。一方面，保障农民权益是农产品物流企业的基本责任，通过公平交易、合理定价，确保农民获得应有的收益，这是维护供应链稳定的基础。另一方面，促进农民增收与推动农村经济发展同样是物流主体不可推卸的责任。例如，通过订单农业模式，提前与农户签订收购协议，锁定未来收益，减少市场波动对农民收入的影响。此外，还可以通过培训和技术支持，帮助农民提高种植技术，提升农产品质量，从而增加其市场竞争力。通过履行这些社会责任，农产品物流主体不仅能够树立良好的企业形象，还能赢得更多消费者的信赖和支持，增强自身的市场竞争力。最终，这种负责任的态度将转化为企业的无形资产，为企业带来更多的商业机会和发展空间。

3. 推动农产品物流与国际接轨

随着全球化的深入发展，农产品物流行业也面临着新的机遇与挑战。为了在全球市场中占有一席之地,农产品物流主体必须积极与国际接轨,引进国际先进的物流技术与管理经验,不断提升自身的服务水平和国际竞争力。这包括采用国际通用的标准和认证体系,确保农产品质量达到国际市场的要求。同时,通过参加国际性的农产品展览会、贸易洽谈会等活动,加强与国际同行的交流与合作,不仅可以了解到最新的行业动态,还有助于拓展海外市场,寻找潜在合作伙伴。此外,利用跨境电商平台,农产品可以直接面向海外消费者销售,减少了中间环节,提升了利润空间。通过这些方式,我国农产品物流业不仅能够吸收国际先进的管理理念和技术,还能在全球范围内优化资源配置,提高物流效率,从而在激烈的国际竞争中占据有利地位。

第二节　面向未来的农产品物流智慧化生态创新策略

一、农产品物流的监督管理体制逐步完善

(一)理顺管理部门,形成统一高效的管理体系

1. 明确各管理部门职能,实现上下统一

农产品物流涉及农业、交通、工商、质检等多个部门,职能交叉、管理分散是当前面临的主要问题。因此,必须理顺各部门之间的关系,明确各自的职能范围,形成上下统一的管理体

系。具体而言,农业部门应负责农产品的生产、质量监管及原产地管理;交通部门则负责农产品运输过程中的路线规划、车辆调度等;工商部门需对农产品市场进行规范,打击不正当竞争行为;质检部门则要对农产品进行质量检测,确保食品安全。

2. 构建协调机制,促进部门间合作

在明确各部门职能的基础上,还需构建一套有效的协调机制,以促进部门间的沟通与合作。这可以通过定期召开联席会议、建立信息共享平台等方式实现。联席会议可以定期就农产品物流中存在的问题进行讨论,共同商讨解决方案;信息共享平台则可以实现各部门间数据的实时共享,提高管理效率。

(二)加强物流过程监督管理,实现绿色物流创新

1. 建立农产品原产地制度,确保食品安全

农产品原产地制度是指对农产品的生产地进行注册登记,以确保其来源的合法性和安全性。对于一些可能影响人类健康的农产品,如蔬菜、水果等,在进入流通领域前,必须进行原产地管理。这包括记录农产品的名称、数量、生产者、种苗来源,以及农药、化肥的使用情况及来源等信息。通过建立原产地制度,可以追溯农产品的生产源头,一旦发现问题,可以迅速定位并采取措施,从而保障食品安全。

2. 实施农产品物流跟踪制度,提高物流效率

农产品物流跟踪制度是指对农产品在物流过程中的仓储、运输、流通加工、配送等环节进行全程跟踪。这可以通过标识技术、智能卡、全球定位系统等技术手段实现。对于较大规模

的农产品物流,首先应对确定的农产品进行标识,使其标识贯穿整个物流过程。这样,物流过程中的各节点就可以通过查验标识来确认农产品的身份和状态,从而提高物流效率并减少错误和丢失。

3. 加强农产品加工业的监督管理,提升加工质量

农产品加工业是农产品物流的重要环节之一,但当前我国农产品加工企业良莠不齐,加工质量和安全水平存在差异。因此,必须加强对农产品加工业的监督管理。这包括对加工企业的设备、人员、卫生条件等进行审核,确保其符合农产品加工的标准和要求。对于不符合条件的加工企业,应禁止其加工的农产品进入流通领域,以保障消费者的权益。

4. 建立农产品物流市场监测体系,为宏观调控提供依据

农产品物流市场的监测和分析对于制定科学合理的物流政策、优化物流资源配置具有重要意义。因此,应建立农产品物流市场监测体系,对全国的农产品物流市场进行调查和分析。这包括物流费用水平、物流市场规模、运输资源、仓储资源、物流服务质量、物流需求变化等方面的信息。通过发布物流市场调查报告、专项研究结果、趋势预测等方法,可以为物流服务行业的管理和宏观调控提供市场依据,从而实现面向未来的农产品物流智慧化生态创新。在完善农产品物流监督管理体制的过程中,还需要注重技术创新和人才培养。技术创新是推动农产品物流发展的重要动力,通过引进和应用先进的物流技术和管理模式,可以提高农产品物流的效率和安全性。同时,人才培养也是不可忽视的一环,应加强对农产品物流人才

的培养和引进,提高整个行业的素质和管理水平。

二、农产品物流产业化创新

(一)功能扩展是农产品物流产业化的核心动力

1. 运输功能的优化与升级

在农产品物流产业化进程中,运输功能的优化与升级是首要任务。传统的农产品运输往往只关注产品的位移,而忽视了运输过程中的损耗和效率问题。然而,在产业化创新推动下,农产品物流开始注重运输技术的革新和运输模式的优化,如采用冷链物流、智能调度系统等,以降低农产品在运输过程中的腐损率,并提高运输效率。

2. 包装、加工与配送功能的整合

除了运输功能外,农产品物流还逐渐将包装、加工和配送等功能进行整合,形成了一体化的服务链条。对农产品的精细包装和加工处理,不仅可以提升产品的附加值和市场竞争力,还能满足消费者对高品质农产品的需求。同时,完善的配送体系也确保了农产品能够准时、安全地送达消费者手中。

(二)智慧化生态创新下的农产品物流产业化

1. 保鲜技术的应用与腐损率的降低

在农产品物流产业化过程中,保鲜技术的应用起到了关键作用。通过运用先进的保鲜技术,如气调包装、冷链运输等,可以有效地延长农产品的保质期,降低其在物流过程中的腐损

率。这不仅减少了浪费,还节约了交易成本,提高了企业的盈利能力。

2. 交易费用的节约与企业盈利空间的扩大

农产品物流的产业化创新还有助于节约交易费用并扩大企业的盈利空间。通过整合产业链资源,实现信息共享和协同作业,可以降低农产品在生产、运输和销售过程中的成本。同时,一体化的物流服务体系也提高了企业的市场响应速度和竞争力,从而为企业带来了更多的盈利机会。

3. 智慧化生态创新对产业化效益的进一步提升

面向未来,智慧化生态创新将成为农产品物流产业化效益进一步提升的关键驱动力。通过运用物联网、大数据、云计算等先进技术,可以实现农产品的全程追溯、智能调度和精准管理。这不仅提高了农产品物流的效率和准确性,还为消费者提供了更加安全、可靠的农产品选择。同时,智慧化生态创新也推动了农产品物流产业的绿色发展和可持续发展。

三、农产品物流实现品牌化创新

(一) 品牌化是农产品物流智慧化生态创新的方向

1. 品牌化对农产品物流的重要性

品牌化是农产品物流智慧化生态创新的重要方向。在当前市场环境下,消费者越来越注重农产品的品质和安全性,而品牌正是传递这些信息的有效载体。通过品牌化运作,农产品物流企业可以建立起与消费者的信任关系,提高农产品的市场认可度和附加值。

2. 智慧化生态对品牌化的支撑

智慧化生态为农产品物流品牌化提供了有力支撑。通过运用物联网、大数据等先进技术,农产品物流企业可以实现农产品的全程追溯和智能管理,确保农产品的品质和安全性。同时,智慧化生态还可以帮助农产品物流企业更好地了解市场需求和消费者偏好,为品牌化运作提供精准的市场定位和产品创新方向。

(二)品牌化创新策略

1. 注册商标与加强广告宣传

要实现农产品物流的品牌化创新,首先需要注册自己的商标,这是品牌化的基础。同时,加强广告宣传也是必不可少的环节。通过广告宣传,可以提高农产品的知名度和美誉度,使消费者更加信任和认可农产品品牌。在广告宣传中,要注重突出农产品的品质和特色,打造独特的品牌形象。

2. 提升农产品品质与附加值

品质是品牌的核心。农产品物流企业要注重提升农产品的品质,通过采用先进的种植技术、加工工艺和质量控制体系,确保农产品的品质和安全性。同时,还可以通过增加农产品的附加值来提升品牌竞争力。例如,开发具有特殊功能的农产品、提供个性化的包装和服务等,都可以增加农产品的附加值,满足消费者的多样化需求。

3. 拓展市场渠道与强化客户关系管理

市场渠道是农产品品牌化创新的重要支撑。农产品物流企业要积极拓展市场渠道,通过线上线下相结合的方式,将农产品销售到更广泛的市场区域。同时,还要注重强化客户关系管理,建立完善的客户档案和回访制度,及时了解消费者的需求和反馈,为品牌化运作提供有力的市场支持。

4. 创新品牌营销策略与提升服务体验

在品牌化创新过程中,农产品物流企业还要注重创新品牌营销策略和提升服务体验。可以通过举办农产品展销会、参与农产品评选活动等方式,提高农产品的知名度和影响力。同时,还要注重提升服务体验,为消费者提供便捷、高效的购买和使用体验,增强消费者对农产品品牌的忠诚度和满意度。

四、农产品物流发展一体化

(一)一体化发展是农产品物流的必然趋势

1. 核心企业的引领与带动作用

在农产品物流一体化发展过程中,核心企业发挥着至关重要的引领与带动作用。这些企业通常通过投资参股的方式,参与上游或下游环节企业的管理与技术指导,从而掌握整个生产或流通活动的核心资源。核心企业的强大实力和丰富经验,为一体化发展提供了坚实的支撑和保障。

2. 上下游环节的紧密连接与协同

一体化发展的核心在于实现上下游环节的紧密连接与协

同。通过核心企业的投资和业务拓展,农产品物流的各个环节得以有效整合,形成了一个高效、协同的整体。这种紧密的连接不仅优化了物流链条,还提高了整个流通体系的稳定性和可靠性。

(二)流通效率提升为一体化发展带来的显著效益

1. 流通主体的组织化程度提高

一体化发展使得流通主体的组织化程度得到了显著提高。通过核心企业的引领和带动,上下游环节的企业得以有效整合,形成了一个具有强大组织能力和市场竞争力的流通主体。这种高度的组织化不仅提高了流通效率,还降低了流通成本,为农产品物流的可持续发展奠定了坚实基础。

2. 流通路径的简化与优化

在传统农产品物流模式中,流通路径往往涉及多个主体和环节,导致流通效率低下、成本高昂。而一体化发展通过减少流通路径涉及的主体数量和优化流通环节,实现了流通路径的简化和优化。这种简化的流通路径不仅提高了流通速度,还降低了流通损耗,为农产品的保值增值提供了有力保障。

3. 智慧化生态创新的推动

一体化发展为智慧化生态创新在农产品物流中的应用提供了广阔舞台。通过核心企业的投资和技术引入,先进的物联网、大数据、云计算等技术得以在农产品物流中广泛应用。这些技术的应用不仅提高了物流的智能化水平,还推动了农产品物流的绿色发展和可持续发展。智慧化生态进一步推动了农产品流通效率,为农产品物流的一体化发展注入了新的活力。

参考文献

[1]江亿平.农产品物流系统优化[M].北京:经济管理出版社,2022.

[2]张明玉.新型城镇化下农产品物流体系创新与发展战略[M].北京:科学出版社,2021.

[3]陈昆松,徐昌杰.生鲜食用农产品物流环境适应性及品质控制机制[M].杭州:浙江大学出版社,2021.

[4]赵春杰.农产品物流管理[M].北京:中国农业出版社,2021.

[5]赵敏.山东省农产品物流与供应链研究[M].西安:西北工业大学出版社,2020.

[6]陈久梅,但斌.生鲜农产品冷链物流管理决策与优化[M].北京:科学出版社,2023.

[7]谢如鹤,瑭杰.农产品冷链物流与政府扶持[M].北京:社会科学文献出版社,2022.

[8]柴春锋."互联网+"时代下农产品供应链发展研究[M].北京:中国财富出版社有限公司,2023.

[9]武晓钊,王成林,王春娟,等.农产品云仓模式研究:以北京农产品流通物流供应链重构为例[M].北京:中国水利水电出版社,2022.

[10]姚源果.区域农产品冷链物流配送优化研究[M].北京:

中国农业出版社,2020.

[11]李康,伍大清.生鲜农产品冷链物流系统演化及集成优化问题研究[M].上海:立信会计出版社,2021.

[12]周叶,郑家文.农产品冷链物流碳减排的机理、路径与策略研究[M].北京:经济科学出版社,2019.

[13]张晓明,孙旭.物流信息化与物联网发展背景下的农产品冷链物流优化研究[M].北京:经济管理出版社,2019.

[14]周洁红.农产品供应链与物流管理[M].北京:中国农业出版社,2024.

[15]潘恩阳,何伟.农产品跨境电子商务[M].北京:中国财政经济出版社,2022.

[16]王元十.基于物联网的农产品电商供应链体系研究[M].北京:中华工商联合出版社,2022.

[17]綦方中,周根贵.农产品供应链协调理论、方法与应用[M].北京:经济科学出版社,2022.

[18]杨旭.农产品电商供应链管理创新[M].北京:经济管理出版社,2021.

[19]李春国.物联网通信技术及应用发展研究[M].北京:中国水利水电出版社,2019.

[20]陈勇.大农业视角下的农产品物流模式研究[M].北京:中国财富出版社,2019.

[21]冷凯君.基于大数据时代背景下农产品冷链物流一体化模式研究[M].北京:九州出版社,2020.

[22]李志祥,褚云霞,张岳魁,等.区块链物联网融合技术与应用[M].石家庄:河北科学技术出版社,2022.